KU-261-687

SOMMAIRE

© Nathan, *Littérature du Québec*

CATHERINE PONT-HUMBERT

LITTÉRATURE DU QUÉBEC

NATHAN

Catherine Pont-Humbert est l'auteur d'une thèse sur l'écrivain québécois Jacques Ferron. Elle a dirigé, pour le *Dictionnaire des œuvres littéraires de langue française* (Bordas, 1994), la rédaction des articles des littératures francophones. Auteur du *Dictionnaire des symboles, des rites et des croyances* (Lattès, 1995), elles est productrice à France Culture.

Édition : Claire Hennaut
Conception de couverture : Noémi Adda
Conception graphique intérieure : Agence Média

DANGER

LE
PHOTOCOPILLAGE
TUE LE LIVRE

Ce logo a pour objet d'alerter le lecteur sur la menace que représente pour l'avenir de l'écrit, tout particulièrement dans le domaine universitaire, le développement massif du « photocopillage ».

Cette pratique qui s'est généralisée, notamment dans les établissements d'enseignement, provoque une baisse brutale des achats de livres, au point que la possibilité même pour les auteurs de créer des œuvres nouvelles et de les faire éditer correctement est aujourd'hui menacée.

Nous rappelons donc que la reproduction de la vente sans autorisation, ainsi que le recel, sont passibles de poursuites. Les demandes d'autorisation de photocopier doivent être adressées au Centre français d'exploitation du droit de copie : 3, rue Hautefeuille, 75006 Paris. Tél. : 01 43 26 95 35.

© Éditions Nathan, 1998.
9, rue Méchain - 75014 Paris.
ISBN 2-09-190356-6

6. DE LA RÉVOLUTION TRANQUILLE

AUX ÉCRITURES MIGRANTES (1960-1996) 85

INTRODUCTION

Longtemps enterrée sous un silence plus épais qu'un banc de neige, l'épopée française en Amérique du Nord a cependant laissé quelques traces disséminées sur l'immense territoire québécois et clairsemées dans son patrimoine littéraire. Elle a inauguré une parole, inventé un discours pour dire les réalités d'une terre neuve.

Les géniteurs du peuple québécois sont l'Indien et le Blanc, le jésuite et le coureur des bois. Le peuple québécois est donc né métissé. De ce métissage, il reste quelques traces dont témoigne l'histoire de la littérature du Québec qui oscille entre l'appel du lointain, des grands espaces vierges, et le repli frileux autour du foyer et de l'église paroissiale. De ce mouvement de balancier entre l'ailleurs et l'ici, la culture du Québec est profondément marquée. « Retracer » ainsi les différentes composantes qui ont fait souche, se sont superposées les unes aux autres pour constituer les strates d'un peuple et de sa culture, conduit à poser la question de l'identité et de la « spécificité culturelle ». Or cette question est au cœur de ce livre, tout simplement parce qu'elle se trouve au cœur de la littérature du Québec.

Questionner l'identité ou la nationalité d'une littérature est le propre des « petites » littératures qui s'interrogent sur leur statut parce qu'elles en doutent. Le sociologue Fernand Dumont, dans un texte de réflexion sur les événements d'octobre 1970[1], affirmait sa foi en la « vertu des petites nations » comme foyers de culture, comme communautés riches de valeurs capables de faire contrepoids à l'uniformité imposée par les grandes puissances. À la mise en valeur de ce potentiel d'expression s'ajoute, pour elles, la nécessité d'effectuer le lent et difficile travail d'acceptation puis de reconnaissance d'une « différence », tâche à laquelle ont été soumises sous une forme ou une autre toutes les littératures de « colonisés ». En cela le Québec

---

1. *La Vigile du Québec. Octobre 1970 : l'impasse ?*, Montréal, HMH, 1971.

peut être rapproché d'un certain nombre d'autres pays à l'intérieur de l'espace francophone, pour ne s'en tenir qu'à lui.

Les littératures de pays « jeunes » – au sens où ils ont tardivement conquis leur autonomie – ou de « petits » pays ont toutes en partage ce problème de définition vis-à-vis de plus « anciens » ou plus « grands ». L'adéquation grand pays ou pays de vieille souche et grande littérature étant encore communément admise, les jeunes littératures se sentent contraintes à se définir par rapport à d'autres en recourant bien souvent à une terminologie, à des catégories d'emprunt qui, leur étant étrangères d'emblée, faussent généralement le débat.

L'histoire de la littérature du Québec est de ce point de vue caractéristique. Il suffit de se référer aux différentes appellations qui lui ont été attribuées au fil des siècles (« française du Canada » ou « française d'Amérique », « canadienne-française » avant de devenir « québécoise ») pour prendre la mesure de cette question de définition qui la hante. La démarche, très fréquente, qui consiste à la distinguer de celles auxquelles on serait éventuellement tenté de vouloir l'assimiler est tout à fait révélatrice. Cette attitude est également significative du fait que c'est souvent de « l'extérieur » que sont venues se plaquer des appellations ou des définitions ayant recours, par méconnaissance, à des comparaisons inadéquates ; elle traduit un regard qui a longtemps considéré cette littérature comme minoritaire, voire mineure.

Quitte à paraître énoncer une évidence, il faut donc redire que la littérature du Québec n'est ni un rameau, ni une branche, ni une excroissance de la littérature française. Elle s'en distingue au même titre que la littérature des États-Unis se distingue de celle d'Angleterre. S'ils ont en partage une même langue d'expression et d'écriture, Québécois et Français n'ont pas un rapport identique à cette langue commune. Leurs différences illustrent la variété des français pratiqués à travers le monde et des sensibilités qui s'expriment par le truchement d'une langue commune.

D'autre part, au sein du Canada majoritairement anglophone, la société québécoise se distingue par un discours spécifique lié au contexte historique, idéologique, culturel dans lequel elle s'est développée. Physiquement intégrés à l'espace nord-américain mais linguistiquement isolés dans ce continent, le Québec et sa production littéraire ne peuvent être assimilés ni à la France, ni au Canada anglais, ni aux États-Unis.

Au Québec, et en littérature québécoise, il faut sans cesse nommer et situer les choses à leur juste place. Aujourd'hui la littérature du Québec est devenue nationale mais se propose toujours comme une littérature mineure, même écrite dans une langue majeure. C'est une littérature de l'intranquillité (pour reprendre un titre de Fernando Pessoa) qui ne se présente jamais comme établie, assurée mais en état permanent de recherche et de reconnaissance. De cette identité à définir, toute la production porte la trace explicite dès les années 1950. Mais, bien avant que cette formulation n'occupe le devant des textes, on peut considérer toute la production littéraire du Canada français comme une vaste entreprise de nomination – c'est ce que faisait déjà Jacques Cartier dans ses textes de découvreur – et de définition.

Le double rejet de la France d'une part et des États-Unis de l'autre comme références et modèles menaçants en raison de leur pouvoir d'assimilation est une traduction au Québec de la lutte des « petites » cultures contre les « grandes », des colonisés contre les colonisateurs. Le rejet de la France – souvent ambigu, car doublé de fascination, ou du moins de respect pour le « poids de l'histoire » qui fait défaut à tous les peuples du continent américain – reste une entrave. « Si nous cessions de maudire cette mère admirée dans le monde entier (et si, d'ailleurs, nous nous y rapportions plutôt comme à un père puissant), nous cesserions peut-être de nous soumettre », écrit Jean Larose dans *La Petite Noirceur* (1987).

Une des caractéristiques du Québec au regard de l'histoire, à savoir le refus réitéré de son indépendance, peut être interprétée comme l'expression politique d'une absence de confiance en soi, comme une attitude de négation. Les Québécois restent des « demi-libérés », selon la formule de l'écrivain Jacques Godbout. Rares sont les peuples qui refusent leur indépendance. Ce choix en fait un pays très singulier. C'est un peu comme si le peuple québécois se voulait un peuple des bordures, se maintenant au seuil des choses et de l'histoire.

Tout au long du XIXe siècle, alors qu'écrivains et critiques cherchent à établir l'existence d'une littérature « canadienne » et à préciser son rapport avec la littérature française, l'écrit est souvent frappé de censure et d'interdits. L'écrit est un pouvoir occulte à double titre : pour le conquérant anglophone à qui il signale la présence d'une communauté de langue française, pour le clergé à qui il apparaît comme un contre-pouvoir. Les débuts littéraires se font en bonne part dans des revues et des journaux.

À partir des années 1930, la crise puis la Seconde Guerre mondiale, l'urbanisation, l'ouverture au monde préparent la grande mutation de la Révolution tranquille (1960) qui sera suivie d'une véritable explosion dans le domaine culturel et littéraire. C'est à partir de la Révolution tranquille que la littérature s'est saisie de sa singularité et que les Canadiens français ont décidé de se nommer Québécois. Les voix et les orientations thématiques les plus diverses se sont alors exprimées. Après avoir « sacrifié » au travail collectif consistant à nommer et à définir la société québécoise, les écrivains, comme déchargés du poids d'un pays problématique, se sont mis à explorer des veines plus intimes, plus intérieures. La réflexion sur l'écriture, la quête d'une voix féminine, la place de la ville, l'interrogation sur l'appartenance à un espace américain pluriel (et pas seulement des États-Unis), l'apport des néo-Québécois à la littérature… Autant de pistes, parmi d'autres, au bord desquelles la littérature québécoise pose des balises.

À la différence d'autres ouvrages consacrés à la littérature du Québec, rédigés pour la plupart de l'intérieur, c'est-à-dire par des auteurs québécois, et s'adressant à un public déjà familiarisé avec les réalités de ce pays, celui-ci aborde la littérature du Québec de l'extérieur et s'adresse au public francophone curieux d'une littérature à la fois familière en raison d'une communauté de langue mais étrangère dans ses problématiques. Il propose un panorama qui suit la chronologie et se soucie d'établir des passerelles entre la littérature et les débats de société qui l'ont nourrie et accompagnée, situant l'écrivain dans son milieu. À l'intérieur des étapes chronologiques, si certains auteurs sont privilégiés, c'est non seulement en raison de leur statut, de la qualité littéraire de leurs œuvres, mais aussi parce qu'ils éclairent cette imbrication de l'écrivain et de son pays.

LES ÉCRITS DE LA NOUVELLE-FRANCE (1534-1760)

Si les origines d'une littérature produite en langue française en terre d'Amérique s'inscrivent bien entre deux dates, 1534 et 1760, l'une et l'autre sont porteuses de sens fort différents : 1534 est une date de découverte, tandis que 1760 est une date de cession et d'abandon – c'est du moins en ces termes que fut vécue par ses habitants la cession de la Nouvelle-France à l'Angleterre. C'est donc entre le merveilleux et l'espoir promis d'une terre nouvelle à explorer et le drame, le traumatisme d'un abandon que s'ouvre une histoire littéraire longue de quatre siècles et demi.

La disproportion peut paraître grande entre la quantité de textes retenus pour cette époque et la durée : cette longue période représente en effet presque la moitié de l'histoire littéraire du Québec. Mais, en plus de deux siècles, aucune grande œuvre d'imagination et de style n'est à inventorier. Sous le terme générique « écrits de la Nouvelle-France », on entend généralement tout ce qui s'est produit pendant la période du régime français sans toujours en souligner la diversité : récits de voyage, relations de missionnaires, histoires, rapports, correspondances, grammaires et dictionnaires, écrits spirituels... Dans cette production on ne trouve donc pas de texte de littérature proprement dite. Cependant si l'institution littéraire a tendance à cantonner ces écrits à leur seule fonction historique, on peut aisément en souligner plusieurs aspects originaux. D'abord, ils rendent compte de l'expérience d'une aventure en terre inconnue mais aussi de la découverte d'une nouvelle réalité humaine et physique. Ensuite, ils émanent d'un « pacte » avec le pouvoir qui a envoyé sur place des individus ou des groupes avec une mission exploratoire ou missionnaire. Les termes de ce pacte sont d'ailleurs souvent rappelés par les auteurs. Enfin, l'écriture de ces textes repose sur une expérience qui consiste à jeter un pont entre ce que l'on connaît et ce que l'on ignore. Au-delà de la trace historique, ils racontent le choc du contact, ils inventent un discours et des images pour traduire la rencontre et s'engagent dans l'exploration de ce que l'autre a de différent et de neuf à offrir. L'appellation Nouvelle-France traduit la volonté des fondateurs de recréer dans la vallée du Saint-Laurent une seconde France, aussi semblable que possible à la mère patrie. La greffe, cependant, ne se fera pas sans que le terrain, avec ses singularités et ses contraintes spécifiques, modifie et infléchisse la matière exportée du vieux continent.

1. LA GENÈSE (1534-1608)

Les premiers écrits relatifs au Canada sont des récits de voyageurs. Le statut de ces écrits est ambigu : à la fois documents et textes, à la fois français et canadiens, ils sont longtemps restés réservés aux historiens, aux ethnologues ou aux linguistes avant de trouver leur place au sein de l'histoire littéraire et de s'inscrire en tant que textes fondateurs dans cette histoire qu'ils ont, à bien des égards, influencée ou inspirée. Mais le véritable statut initial de ces écrits est celui de rapports dont la fonction est de justifier les fonds engagés par la Couronne et de plaider en faveur des entreprises à venir. Désireux à la fois de relater une aventure et d'en proposer un commentaire, ils hésitent souvent entre la stricte chronologie et un ordre encyclopédique, plus thématisé. À cette difficulté de distribution de la matière, s'ajoute celle d'organiser la narration et le commentaire : sur une réalité étrangère vient se poser, en réaction, le regard d'un voyageur transformé par son voyage.

De ce vivier d'écrits qui ressortissent à l'aventure, à l'inventaire, à l'enquête, à la description mais sur lesquels viennent également se greffer des imaginaires, se détachent les récits de Jacques Cartier d'une grande richesse descriptive et qui sont bien davantage que de simples livres de bord.

Jacques Cartier (1494-1554)

Jacques Cartier aborde les terres *neufves* en 1534, dans la baie de Gaspé, puis découvre, lors de son deuxième voyage l'année suivante, le fleuve Saint-Laurent qu'il remonte jusqu'à Hochelaga (futur site de Montréal) avant de revenir hiverner à Stadaconé (Québec). Les sonorités toponymiques disent la présence du peuplement indien, Algonquins (Micmacs, Montagnais et Cris) ou Iroquois pour l'essentiel, avec lequel les découvreurs entament des relations souvent difficiles. Désireux d'établir des liens pacifiques avec les « sauvages », car ils ont tout à gagner d'une entente avec un peuple qui leur fournit approvisionnement et renseignements précieux pour s'adapter au pays, ils reçoivent un accueil bienveillant des Indiens, très hospitaliers, pour lesquels la propriété territoriale n'existe pas mais qui refusent de considérer les Blancs autrement que comme leurs invités. Très vite cependant, les relations vont se dégrader.

Le manuscrit original de la relation de 1534 (publiée d'abord en italien[1] puis en anglais avant de paraître en français en 1598) semble aujourd'hui perdu. Le *Brief Récit* de 1535-1536, publié en 1545, qui relate le deuxième voyage, le plus riche, ne porte aucun nom d'auteur. L'hypothèse est souvent avancée selon laquelle le *Brief Récit* serait dû à Jehan Poullet qui occupa la fonction de secrétaire de l'expédition. Du troisième voyage de 1541 enfin, il ne reste qu'une version anglaise, incomplète, établie par le géographe et éditeur Richard Hakluyt en 1600, d'après un document trouvé vers 1583 et disparu depuis.

Avant son premier départ, le capitaine de Saint-Malo ne bénéficiait pas d'une grande notoriété, et c'est à l'évêque de Lisieux, Jean Le Veneur, qui le présenta au roi (François Ier) venu en pèlerinage au Mont-Saint-Michel, que Cartier a dû d'être choisi pour mener à bien une mission financée par la Couronne : il s'agissait de découvrir des îles nouvelles dont on vantait les richesses, en or notamment. Au cours de son premier voyage, le 24 juillet 1534, Cartier prend possession du Canada au nom du roi en élevant sur la falaise de Gaspé une gigantesque croix ornée d'une fleur de lys. La première relation révèle ses qualités de précision et de clarté d'écriture ; avec lui, le lecteur prend possession du pays décrit dans ses moindres détails. Depuis Terre-Neuve, Cartier a traversé le golfe du Saint-Laurent, longé les îles de la Madeleine puis contourné l'île du Prince-Édouard avant de découvrir la baie des Chaleurs et la pointe de la Gaspésie. L'histoire de Jacques Cartier ne manque pas de poser certaines questions historiographiques : de toute

---

1. Dans la version de Ramusio, *La prima relazione di Jacques Cartier della Terra Nova detta la nuova Francia, trovata nell'anno M. DXXXIII*, 3e volume des *Navigationi e viaggi*, Venetia, 1556.

Le Québec aujourd'hui

évidence, il n'avançait pas à l'aveuglette et connaissait les parages de Terre-Neuve, soit *de visu*, soit par connaissance interposée des morutiers bretons.

Pour preuve de sa découverte, il a ramené, comme le veut la coutume, deux indigènes qui vantent les richesses d'un royaume de l'ouest, le Saguenay[2]. Et c'est probablement la perspective de découverte de l'or qui incite le roi à lui confier une deuxième expédition dont l'objectif est ce royaume, dont le nom devient bientôt synomyme d'Eldorado. Lors de ce deuxième voyage, à bord de trois navires, la *Grande Hermine*, la *Petite Hermine* et l'*Hermerillon*, Cartier atteint Hochelaga (Montréal), mais il ne trouve pas le prestigieux royaume du Saguenay. François Ier semble alors se désintéresser de l'entreprise.

Un regain d'intérêt pour le Canada se manifeste pourtant en 1538, et Jacques Cartier présente un mémoire détaillé sur l'équipement de six bateaux. Pour la première fois, le souci de la mise en valeur des terres est exprimé sous forme d'un projet d'établissement. Le roi attend octobre 1540 pour ordonner une expédition (dont le départ se fera en 1541) qui s'inscrit désormais dans un projet colonial fondé sur l'idée que l'occupation des lieux crée la possession. Mais c'est, cette fois-ci, à un noble, le seigneur de Roberval, qu'est confiée la direction de l'entreprise, Jacques Cartier ne figurant plus qu'en sous-ordre.

Avec le *Brief Récit* (1535-1536), l'Amérique est donc entrée dans la littérature française. Le texte manifeste un réel plaisir de voir et de nommer ce qui, au fil des jours, se présente aux yeux du découvreur. Véritable genèse, où l'acte de nomination fait exister tout ce qui surgit à la connaissance de l'observateur, ce texte dynamique et coloré a un style, une vision. Scandé par la répétition des « nous nommâmes », il balaie le paysage : golfes, îles, caps ou anses, la faune et la flore, les mœurs des indigènes, et organise peu à peu sa représentation de l'espace comme un tableau. À propos de l'île des Oiseaux (Funk Island, où il s'était déjà arrêté au cours du premier voyage), Cartier écrit : « Cette île est si pleine d'oiseaux que tous les navires de France s'en pourraient facilement charger sans que l'on s'aperçoive que l'on en a retiré. » Il est frappé de l'indifférence des sauvages aux « biens de ce monde » et note leur goût pour la bimbeloterie européenne, fort précieuse

---

2. Qui signifie « eau qui sort », du montagnais *saki-nip*.

dans les échanges. Il réduit leur religion à une croyance en un « mauvais esprit » et insiste sur l'effusion, à ses yeux naïve, qui entoure leurs rituels : « Le seigneur du Canada, nommé Donnacona, et que l'on appelle, pour dire seigneur, *agouhanna* […] commença, devant le plus petit de nos trois navires, à faire une prédication et un prêche à sa façon, en démenant son corps et ses membres d'une surprenante manière qui est une cérémonie de joie et de confiance[3]. » L'ensemble du récit laisse l'impression d'un pays fertile, peuplé d'individus paisibles et tout disposés à recevoir la foi chrétienne. C'est du *Brief Récit* que, selon certaines hypothèses, se serait inspiré Rabelais, notamment pour les termes nautiques du *Quart Livre*.

Au lieu de l'or et des diamants escomptés, Cartier n'aura finalement rapporté de ses voyages qu'un peu de mica, la possession de quelques arpents de neige mais surtout l'ouverture d'un axe de pénétration conduisant au cœur du continent américain. Est-ce son relatif échec qui relégua rapidement ses récits aux oubliettes ? Toujours est-il que c'est en fait le XIXᵉ siècle qui le découvrira : portraits, biographies, célébrations commémoratives feront de lui un héros. Ses écrits, oubliés puis retrouvés, accèderont alors au statut de textes fondateurs.

« Le treizième jour dudit mois, nous partîmes de ladite baie Saint-Laurent, et nous fîmes voile à l'ouest, et vînmes chercher un cap de terre vers le sud, à vingt-cinq lieues environ, ouest quart sud-ouest du havre Saint-Laurent. Et par les deux sauvages que nous avions pris au premier voyage, il nous fut dit que c'était de la terre du sud, et que c'était une île [l'île d'Anticosti], et que par le sud de celle-ci était le chemin pour aller de Honguedo [Gaspé] où nous les avions pris au premier voyage, au Canada [nom employé pour désigner la région qui s'étend le long du fleuve Saint-Laurent depuis Grosse-Île à l'est jusqu'à un point situé entre Québec et Trois-Rivières à l'ouest], et qu'à deux journées du cap et de l'île commençait le royaume de Saguenay […] Nous longeâmes lesdites terres du sud, depuis ledit jour jusqu'au mardi midi, quand le vent tournat à l'ouest, et nous mîmes le cap au nord pour aller chercher les hautes terres que nous voyions. Et là, nous

---

3. Jacques Cartier, *Voyages au Canada*, Paris, François Maspéro/La Découverte, 1981, p. 179-180.

trouvâmes lesdites terres unies et basses vers la mer, et les montagnes vers le nord [...] Et par les sauvages que nous avions, il nous a été dit que c'était le commencement du Saguenay, et terre habitée, et que de là venait le cuivre rouge qu'ils appellent *caignetdazé* [...] Et lesdits sauvages nous ont certifié que c'est le chemin et le commencement du grand fleuve de Hochelaga et le chemin du Canada, lequel fleuve allait toujours en rétrécissant jusqu'au Canada [c'est-à-dire Québec que Cartier appelle tantôt Stadaconé tantôt Canada] ; et puis que l'on trouve de l'eau douce dans ce fleuve, qui va si loin que jamais homme n'avait été jusqu'au bout... » (*Brief Récit*, p. 169-171).

2. L'ENRACINEMENT (1608-1760)

Après la phase de découverte marquée par la figure de Jacques Cartier, le régime français à proprement parler s'implante avec la fondation du poste permanent de Québec en 1608 par Samuel de Champlain. Explorateur, géographe, Champlain est le premier Européen à décrire la route du nord-ouest, il dessine des cartes, des planches, et ses rapports (*Brief Discours*, *Des sauvages*, *Voyages*), plus techniques que ceux de Cartier, sont extrêmement précis. Il reprend les visées de son prédécesseur et poursuit les intérêts commerciaux des hommes d'affaires. Mais les tribus que rencontre Champlain ne sont plus celles qu'a connues Cartier. Dans la vallée du Saint-Laurent, la traite des fourrures s'est développée et le contact avec les Européens a transformé les sociétés indiennes.

Le véritable développement de la colonie attendra cependant la décision de Louis XIV de faire de la Nouvelle-France une colonie royale. C'est à l'intendant Jean Talon qu'est confiée la mission de veiller au développement de la population (qui passe de 3 000 habitants en 1666 à plus de 8 000 en 1676) et à son enracinement, notamment en orientant l'économie vers l'agriculture et le commerce, au détriment de la traite des fourrures qui favorisait une vie nomade. Le clergé, hostile aux « coureurs de bois », exerça une forte pression dans ce sens. La colonie connaît alors une certaine stabilité (elle atteindra 70 000 habitants en 1763). En ville, on tente de maintenir le niveau de vie de la haute société française : le clergé est attentif à l'éclat des cérémonies, le gouverneur donne des bals et encourage le théâtre (*Le Cid* est joué en 1646, dix ans seulement après sa création à Paris), mais la population est insuffisante pour que s'épanouisse une véritable vie intellectuelle et littéraire.

Durant les deux premiers siècles de l'occupation française en terre d'Amérique, l'homogénéité de peuplement (la colonie est formée d'individus venus dans leur grande majorité de la côte ouest de la France), d'origine sociale (paysans pour la plupart), de pratique religieuse (confession catholique) et de langue a permis que se constitue une première strate de l'identité canadienne-française. Déjà se manifestent certains traits spécifiques qui différencient la Nouvelle-France de son ancêtre. Les Canadiens français font preuve d'une indépendance d'esprit liée notamment à un régime seigneurial sans aristocratie de souche qui autorise tout individu méritant à devenir seigneur et à exploiter, ou à faire exploiter, les terres qui lui sont concédées. Ils affichent également un goût de l'aventure né sans aucun doute de la tradition de la traite des fourrures qui a forgé des coureurs de bois accoutumés à vivre au contact des Indiens et qui en ont adopté les coutumes, le style de vie. Une personnalité distincte s'est développée et une civilisation prend peu à peu racine. L'instruction des garçons par les jésuites ou les sulpiciens et des filles par les ursulines ou les dames de la congrégation encourage le désir de fixer par l'écrit ces traits spécifiques. L'instruction des garçons par les jésuites ou les sulpiciens et des filles par les ursulines ou les dames de la congrégation encourage le désir de fixer et de transmettre par l'écrit les traits spécifiques de la colonie.

2.1 Les correspondances

Durant cette période, un genre majeur s'impose, celui des correspondances. En France, aux XVIIe et XVIIIe siècles, le genre épistolaire est l'un des instruments de la vie littéraire, les correspondances de Mme de Sévigné ou de Mme du Deffand en sont l'illustration. En terre d'Amérique, il apparaît comme un mode d'expression privilégié. Outils de mémoire fondamentaux qui rendent compte, souvent de façon très détaillée, de l'évolution des mentalités, les correspondances sont porteuses d'une charge de vie et d'humanité dépassant, dans certains cas, la simple dissertation pieuse. De plus, elles constituent pour leurs auteurs un moyen de sortir du cercle étroit dans lequel ils se sentent enfermés, d'approfondir l'exploration d'un univers intérieur, de tenir une sorte de discours sur les passions de l'âme, et de rendre compte de leur relation aux Indiens.

Marie de l'Incarnation (1599-1672)

Parmi les correspondances, les *Lettres* de la religieuse Marie de l'Incarnation, fondatrice de la maison des ursulines de Québec – que Bossuet comparait à Thérèse d'Avila (« La Thérèse de nos jours et du Nouveau Monde ») –, appartiennent à la littérature mystique et permettent de saisir la vision chrétienne du monde – chez elle poussée à un très haut degré – qui soutenait la vaste entreprise de l'implantation française en terre d'Amérique.

Née à Tours en 1599, Marie Guyart, mariée à l'âge de dix-sept ans et mère d'un petit garçon, entend l'appel de Dieu et entre au couvent des ursulines de Tours en 1631. Elle arrive à Québec en 1639 et y restera jusqu'à sa mort en 1672[4]. Profitant de la venue des vaisseaux, elle adresse chaque année des centaines de lettres à ses correspondants européens – leur nombre total s'élèverait à environ 7 000 :

> « Je vous écris la nuit pour la presse des lettres et des vaisseaux qui vont partir. J'ai la main si lasse qu'à peine la puis-je conduire, c'est ce qui me fait finir en vous priant d'excuser si je ne relis pas ma lettre » (1643).
>
> « Je n'ai jamais tant veillé que depuis quatre mois parce que la nécessité de nos affaires et de notre rétablissement ne m'a laissé libre que le temps de la nuit pour faire mes dépêches » (1652).

Les sujets abordés sont extrêmement variés : géographie, climat, vie des Indiens, progrès de l'évangélisation, guerres, commerce, etc., et ces lettres portent un regard serein et juste sur les réalités de la jeune colonie.

Le fils de Marie de l'Incarnation, Dom Claude Martin, commença à réunir sa correspondance en vue d'une édition dès 1672. Les lettres de l'ursuline furent réparties en deux catégories : « lettres spirituelles » d'un côté et « lettres historiques » de l'autre. Dans le premier groupe s'expriment la douleur de la séparation, l'éloignement et la solitude, toutefois compensés par un rapport privilégié avec le « divin Époux », si intensément présent que

---

4. L'abbé Henri-Raymond Casgrain, en 1864, et Lionel Groux, en 1966, lui ont chacun consacré une biographie.

Marie de l'Incarnation lui parle, veut « le baiser de la bouche » et inhale ses « respirs ». Quant aux lettres historiques ou descriptives, elles constituent une source narrative de très grand intérêt, relatant l'essentiel des faits qui se sont produits au Canada français de 1640 à 1672, bien qu'elles découlent souvent de la lecture des *Relations* des jésuites pour ce qui concerne les missions.

[Lettre du 1ᵉʳ septembre 1639, adressée à l'un de ses frères à qui elle donne l'information de son arrivée dans la Nouvelle-France]

« …ce que nous avons vu en arrivant dans ce nouveau monde, nous a fait oublier tous nos travaux : car entendre louer sa Majesté divine en quatre langues différentes (montagnais, algonquin, huron et français), voir baptiser quantité de sauvages, entendre les sauvages mêmes prêcher la loi de Jésus-Christ à leurs compatriotes et leur apprendre à bénir et à aimer Dieu, les voir rendre grâces au ciel de nous avoir envoyées dans leur pays barbare pour instruire leurs filles, et leur apprendre le chemin du ciel ; tout cela, dis-je, n'est-il pas capable de nous faire oublier nos croix et nos fatigues […] Il en a été baptisé cette année tant aux Hurons qu'aux Montagnez plus de cinq cents. Je vous supplie de prier pour la conversion des autres, qui sont en grand nombre ; parce qu'il y a des nations presque infinies qui ne connaissent point Jésus Christ. »

(Marie de l'Incarnation, *Correspondance*, nouvelle édition par Dom Guy Oury, moine de Solesmes, Abbaye Saint-Pierre, Solesmes, 1971.)

2.2 Les *Relations* des jésuites

On entend généralement par *Relations* des jésuites un corpus, publié de 1632 à 1673, de comptes rendus provenant des missions de la Nouvelle-France. Ces rapports, adressés chaque année par le supérieur de Québec au provincial[5] de Paris, exposent l'action souvent difficile entreprise par d'anciens professeurs de collège confrontés à des réalités climatiques, géographiques, humaines auxquelles ils doivent s'adapter. Afin d'intéresser le public à

---

5. Passé dans le vocabulaire de l'administration ecclésiastique pour qualifier celui qui administre une province ecclésiastique.

l'œuvre missionnaire et de susciter des bienfaits spirituels et temporels, l'habitude fut prise de les publier annuellement.

Le discours des *Relations* des jésuites n'est pas exclusivement religieux, mais aussi anthropologique et politique. La description des fêtes, de l'habitat, des guerres ou des maladies se double de considérations morales. L'un des principaux personnages de ces textes est l'Indien dont les mœurs, les habitudes, les croyances ainsi que la vie quotidienne sont abondamment dépeintes. La rédaction en est habituellement assurée par le supérieur de la Compagnie de Jésus au Canada qui la confie parfois à l'un de ses confrères. Il convient donc d'insister sur la nature hybride de ces textes – estompée par une édition qui les présente comme un corps unifié. Mais l'hétérogénéité du style, puisque chaque jésuite-rédacteur apporte son point de vue singulier et sa touche personnelle, n'entame en rien une perspective générale qui est celle de l'apologie. La notion d'auteur est donc ici particulièrement complexe. Si l'histoire a retenu le nom du père Paul Le Jeune (1591-1664), supérieur général de la mission au Canada en 1632, c'est en raison de la quantité de relations qui lui sont attribuées (plus d'un tiers) mais également parce qu'il fut l'un des rédacteurs les plus talentueux. Le père Le Jeune a organisé certains de ses textes en les présentant sous forme de chapitres thématiques (« Des choses bonnes qui se trouvent dans les Sauvages », « Des viandes et autres mets dont mangent les Sauvages, de leur assaisonnements et leurs boissons » etc.) et sa *Relation* de 1634 a été éditée séparément de la collection complète des *Relations* des Jésuites sous le titre *Le Missionnaire l'apostat le sorcier*[6]. Paul Le Jeune a passé dix-huit ans dans les missions du Canada et si son texte est d'abord un document historique, sociologique et linguistique, il a aussi une valeur littéraire. Ses écrits apparaissent comme une minutieuse description de la société montagnaise dont chaque élément est vérifié, validé par des recoupements et des témoignages : la production (chasse, pêche, artisanat), la circulation et la distribution des biens, la nourriture, les vêtements et objets d'artisanat, l'habitat et l'hygiène, l'organisation sociopolitique, la mythologie, les rituels… Décrivant au chapitre deux de la *Relation* de 1634, les différentes conversions de l'année, Paul Le Jeune évoque les suites d'un baptême :

---

6. Presses de l'Université de Montréal, 1973, coll. « Bibliothèque des lettres québécoises ».

« Les Sauvages désirant s'occuper de lui [le baptisé] à leur mode avec leurs chants, avec leurs tintamarres et avec leurs autres superstitions, tâchèrent plusieurs fois de nous l'enlever [...] et l'un de leurs sorciers ou jongleurs le vint voir exprès pour le débaucher de notre créance : mais le bon Néophyte tint ferme, répondant qu'on ne lui parlât plus de s'en aller et qu'il ne nous quitterait point [...] Ce n'est pas une petite marque de l'efficacité de la grâce du saint Baptême de voir un homme nourri depuis soixante ans et plus dedans la barbarie, habitué aux façons de faire des Sauvages, imbu de leurs erreurs et de leurs rêveries, résister à sa propre femme, à ses enfants [...] pour se jeter entre les bras de quelques étrangers, protestant qu'il veut embrasser leur créance, mourir en leur foi et dedans leur maison. Cela fait voir que la grâce peut donner du poids à l'âme d'un Sauvage naturellement inconstante ».

Sur les croyances des Indiens que les jésuites – dans leur grande ignorance et leur certitude de détenir la vérité – appellent « les superstitions et erreurs des Sauvages », la relation du père Le Jeune est riche d'informations détaillées. Ainsi, au chapitre quatre :

« Les Sauvages se persuadent que non seulement les hommes et les autres animaux, mais aussi que toutes les autres choses sont animées et que toutes les âmes sont immortelles. Ils se figurent les âmes comme une ombre de la chose animée, n'ayant jamais oui parler d'une chose purement spirituelle, ils se représentent l'âme de l'homme comme une image sombre et noire ou comme une ombre de l'homme même, lui attribuant des pieds, des mains, une bouche, une tête et toutes les autres parties du corps… »

Ce qui, dès le début de leur ministère apparaît aux jésuites comme manifestations du diable – les diverses pratiques de sorcellerie – va peu à peu devenir superstition avant de se transformer en une sorte de mythologie de l'Indien, la frontière se faisant de plus en plus floue entre condamnation de leurs rituels et souci de comprendre leur univers sacré.

À travers leurs *Relations*, les jésuites rendent compte des grandes heures de l'histoire canadienne-française. C'est dans leurs textes que s'est écrite la véritable épopée nationale avant que d'autres ne la reprennent pour la faire revivre en la magnifiant. L'influence des *Relations* sur l'activité spirituelle et littéraire de l'époque fut considérable.

Les écrits de la Nouvelle-France permettent de sentir l'émergence d'une nouvelle société, d'une mentalité autre, d'un imaginaire qui se distancient de ceux de la métropole. Une des singularités de cette société tient aux contacts quotidiens qui se sont établis avec les Indiens. Dès la découverte de l'Amérique, une image s'est imposée : celle du Bon Sauvage, réincarnation d'Adam au Paradis terrestre. Doté de toutes les qualités dont sont privés les « civilisés » et préservé des maux physiques et moraux de la civilisation, il ne lui manquait que la connaissance du Christ…

S'il est légitime d'affirmer qu'il y a eu une littérature en français depuis les origines de l'établissement des Français en terre d'Amérique, une restriction s'impose toutefois : aucune grande œuvre d'imagination et de style – ni en poésie, ni en théâtre, ni dans le domaine des idées – n'a marqué cette période. Il ne faudrait cependant pas mésestimer les écrits de cette époque car on y découvre l'éveil d'une conscience collective qui va bientôt rendre possible une véritable littérature.

2

LA RUPTURE (1760-1837)

La cession de la Nouvelle-France à l'Angleterre en 1760, ratifiée par le traité de Paris en 1763, fait d'elle une colonie anglaise, la quinzième en Amérique, après les treize qui bientôt vont acquérir leur indépendance (1775-1783) et l'ancienne Acadie, devenue Nouvelle-Écosse. Cette cession crée un traumatisme susceptible de compromettre une identité encore fragile. La rupture est radicale : les élites (seigneurs, gros négociants, administrateurs, militaires et classes lettrées) quittent le pays pour rentrer en France. Demeurent les habitants (ceux qui tirent leur subsistance de la terre qu'ils habitent) et les paysans (qui travaillent la terre des autres) ; ils représentent environ 80 % de la population. Leur unique solution pour résister à l'occupant anglais consiste à se replier sur leur univers rural. Les membres du clergé et de la noblesse qui ont fait le choix de rester « au pays » cherchent, quant à eux, à établir des liens avec la Couronne britannique qui, en retour, leur assure le maintien de la langue, de la religion et du droit civil français (Acte de Québec, 1774). Les anglophones prennent, en fait, rapidement en main les leviers de l'économie et de la politique. « De 1760 à 1790 les Canadiens, vaincus, conquis et occupés perdirent la maîtrise de leurs destinées[1] ». Il en découla une pensée « incomplète, tronquée, puérile, à la remorque des influences étrangères ou se réfugiant dans un isolationnisme stérile[2] ».

Une coupure nette sépare donc la période française de celle qui s'ouvre, canadienne à part entière, ou presque. C'est à cette époque que se joue le destin du Canada français. On s'est souvent demandé comment toute culture française n'avait pas disparu après la conquête. En effet, des ruines de la culture française aurait pu naître un Canada entièrement anglophone, balayant les restes de la présence française. Il n'en fut rien. Les vaincus, s'ils étaient réduits au silence, n'étaient pourtant pas résignés à mourir.

---

1. Michel Brunet, *La Présence anglaise et les Canadiens*, Montréal, éditions Beauchemin, 1958.
2. *Ibid.*

Mais, pendant près d'un siècle, le froid reprend ses droits sur un pays qui s'endort, se recroqueville, se réfugie dans la simple survivance. L'urgence, qui consiste tout simplement à assurer son existence face à un nouveau conquérant de langue et de culture étrangères, ne favorise pas la création. On ne produit guère en situation de survie. La réalité est âpre et l'imaginaire ne trouve guère matière à s'y nourrir.

De plus, corollaire de la fuite des élites, l'enseignement se détériore jusqu'à un analphabétisme qui se généralise au début du XIXe siècle. Le collège des jésuites a fermé en 1759, le séminaire de Québec a interrompu ses cours entre 1757 et 1765, et le collège de Montréal ne dispense un enseignement complet qu'en 1790. Les témoignages sur l'état de l'instruction à cette époque sont éloquents. Ainsi celui de J. Edmond Roy qui a retracé l'*Histoire de la seigneurie de Lauzon*, près de Québec : « Dans leur isolement au fond de leurs fermes, dans la continuité de leur travail manuel […] les habitants de Lauzon étaient restés à peu près complètement étrangers à tout luxe intellectuel, à toute idée d'art, de science, de littérature. C'est à peine si dix pour cent avaient appris dans leur enfance à lire et à écrire tant bien que mal, à faire une addition et peut être à chanter à l'église[3] ».

Comment l'analphabétisme n'aurait-il pas sévi pendant toute cette période alors que la lecture, le livre, le débat d'idées sont l'objet de virulentes invectives de la part du clergé ? « Cessez ces lectures de livres impies qui se répandent dans le diocèse », enjoint Mgr Briand en 1771, tandis que Mgr Hubert déplore la « liberté des conversations sur les affaires publiques ». Or le clergé se trouve être le seul représentant de la culture, et le parti pris des représentants de l'Église fustigeant l'écrit, déplorant la « licence » des journaux et la liberté des conversations, tient lieu de position « officielle » à laquelle se rallie volontiers une population dépourvue des moyens permettant une autonomie intellectuelle. De surcroît, les positions du clergé canadien-français, déjà peu enclin à une ouverture d'esprit en matière d'art, ne s'infléchiront guère lorsqu'il choisira d'accueillir dans ses rangs le clergé royaliste français chassé par la Révolution. Quant aux livres français importés, « choses de contrebande », ils sont si rares qu'ils s'arrachent à des prix exorbitants. C'est

---

3. Cité dans *Histoire de la littérature française du Québec*, tome II, éditions Beauchemin, 1967-1969.

dire que pour la très grande majorité, la culture des livres et la chose écrite demeurent inconnues. À ce climat intellectuel peu propice à la création artistique et littéraire, s'ajoute le fait que les villes de Montréal et Québec sont majoritairement anglaises. Les Anglo-Montréalais prennent en main les forces économiques ; ils fondent par exemple la Bank of Montréal en 1817. L'arrivée des loyalistes[4] américains pose le problème de la coexistence de deux nations de langues et de religions différentes : elle conduit à l'Acte constitutionnel de 1791 qui partage le territoire en deux provinces : le Haut-Canada (l'actuel Ontario) et le Bas-Canada (l'actuel Québec).

Si cette période semble négligeable du point de vue littéraire, elle est en revanche d'une grande importance du point de vue de la formation d'une identité canadienne-française qui se forge alors dans la résistance. Le Canada français se tait, mais tout en resserrant les liens d'une société dont le caractère traditionnel s'accentue. On assiste alors à un renforcement des normes morales et religieuses, à une folklorisation de la culture qui se traduit par un repli sur les veillées, les chansons, les contes, les légendes, les dictons et proverbes, et aussi sur le journalisme et les discours publics qui longtemps tiendront lieu de littérature.

1. LE JOURNALISME

Dès la fin du XVIIIᵉ siècle, le journalisme fait office d'institution littéraire autant que politique. Il permet que paraissent dans les pages de *La Gazette de Québec*, *La Gazette littéraire*, *Le Canadien* ou *La Minerve*, des poèmes et des contes, des pièces en vers ou en prose.

Si *La Gazette de Québec*, journal loyaliste et royaliste bilingue, fondé en 1764, est essentiellement anglais, arborant les armes royales et les devises anglaises, *La Gazette littéraire*, née en 1778 avec l'Académie de Montréal dont elle est l'organe officiel, est marquée par un esprit voltairien. *Le Canadien*, fondé en 1806, organe du parti du même nom, est le premier journal politique représentant les intérêts des Canadiens français. Journal de combat,

---

4. En 1783, 7 000 Anglo-Américains fidèles à la Couronne britannique immigrent au Canada. Des concessions territoriales énormes leur sont accordées.

ses rédacteurs, pour la plupart députés, sont d'habiles avocats et d'ardents patriotes, luttant pour leur d'identité et leur autonomie. Suspendu en 1825, *Le Canadien* renaîtra en 1831 avec une nouvelle devise, très explicite : « Nos institutions, notre langue, nos lois !!! » Quant à *La Minerve*, qui paraît en 1826 alors que *Le Canadien* a suspendu sa publication, elle aura une longue vie (jusqu'en 1899) et beaucoup d'influence.

Des journaux ou des revues, il ressort une même nécessité : écrire en français, priorité qui renvoie au second plan le fait de « bien écrire » français. La littérature de cette époque est une littérature de survivance et de résistance. Cependant, grâce au réel talent de certains journalistes comme Étienne Parent (ou Arthur Buies), une conscience canadienne-française s'exprime au grand jour.

Étienne Parent (1802-1874)

Journaliste, conférencier et publiciste, Étienne Parent fut surnommé le « directeur littéraire de son temps ». Entré à l'âge de vingt ans au *Canadien*, il y sera rédacteur jusqu'à la suspension du journal en 1825, puis le ressuscitera en 1831 en lui donnant sa devise-programme. Il inspirera les « Quatre-vingt-douze Résolutions » exposant les revendications des Canadiens français présentées par les députés patriotes à l'Assemblée en 1834 et se montrera un ardent défenseur de la liberté de la presse et de la démocratie parlementaire. Jusqu'en 1837, il défend les Patriotes contre les attaques du parti anglais mais refusera de suivre Papineau (voir chap. 3), lançant des appels à la modération qui n'empêcheront pas son emprisonnement en 1838. Il n'en continue pas moins à diriger *Le Canadien*, avant de se retirer du journalisme en 1842. À partir de 1846, il se consacre à une série de conférences de sociologie ou d'économie politique. Ses écrits – pour l'essentiel les textes de ses discours – traduisent les vues éclairées de ce grand défenseur de la cause des Canadiens français à une des périodes les plus critiques de leur histoire.

2. LA TRADITION ORALE

Face à la précarité, à la menace d'anéantissement du Canada français, la vie culturelle se resserre sur le foyer. Le savoir, les connaissances, la littérature, les chansons se transmettent non par les livres mais de bouche à oreille lors des veillées. Ainsi nombre de chansons normandes, poitevines ou vendéennes sont restées intactes grâce à une tradition plus fidèlement entretenue que dans leurs régions d'origine. Fait de ces vieilles chansons folkloriques, mais aussi de contes, de légendes, de dictons, de proverbes, de devinettes, de fabliaux, le verbe populaire maintient un patrimoine principalement venu de France, mais qui s'enrichit de créations locales. La particularité de ce folklore est qu'il enregistre tout de la vie privée et sociale, matérielle et spirituelle et constitue un irremplaçable témoignage sur les idées, les sentiments, les habitudes qui régnaient dans les familles d'alors.

D'anciennes chansons françaises sont adaptées à la réalité du continent américain, la nature y occupant une place importante. Quant aux chansons du cru, elles rendent compte des activités spécifiques au Canada français et sont liées aux métiers de forestier, de bûcheron ou de voyageur. Parmi celles données comme étant de composition canadienne par Philippe Aubert de Gaspé (dans *Les Anciens Canadiens*), « Le Bal chez Boulé » serait dû à un poète analphabète qui aurait transmis ses rimes à un « chanteux » doté d'une excellente mémoire.

> « Dimanche après les vêp's, y aura bal chez Boulé,
> Mais il n'ira personn' que ceux qui sav'nt danser :
> José Blai comme les autres itou voulut y aller.
> Mais, lui dit sa maîtresse, t'iras quand le train sera fai'.
> Il courut à l'établ' les animaux soigner.
> Prend Barré par la corne et Rougett' par le pied.
> Il saute à l'écurie pour les chevaux gratter.
> Se sauve à la maison quand ils fur't étrillés.
> Il met sa veste rouge et son capot barré.
> Il met son fichu noir et ses souliers francés.
> Et va chercher Lisett' quand il fut ben greyé.
> On le met à la por' pur y apprendre à danser.
> Mais on garda Lisett', sa jolie fiancée. »

Aubert de Gaspé, *Les Anciens Canadiens* (2ᵉ version), 1863.

Le répertoire comprend aussi des berceuses, des rondes, des devinettes, des ballades ou des complaintes. Témoignage fidèle de l'identité et des aspirations du peuple, la chanson a été – et demeure – un genre d'excellence au Canada français.

Quant au conte, il jouit d'une remarquable popularité tout au long du XIXe siècle, échappant, contrairement au roman, aux attaques virulentes du clergé qui le tient pour un divertissement sain et inoffensif. De surcroît, il présente l'avantage d'être accessible à une population peu scolarisée. Enfin, les conditions climatiques apportent leur contribution au développement du genre. L'hiver, avec ses longues veillées au coin du feu, prédispose à la lecture ou à l'écoute de contes.

Plusieurs catégories de contes se développent : ceux que l'on pourrait qualifier de « réalistes » en ce sens qu'ils rapportent des événements puisés dans la vie locale ou privée, décrivent des scènes de mœurs – épluchette de blé d'inde (maïs) ou fête dans une cabane à sucre[5] – ou relatent des souvenirs ; ceux qui s'inscrivent dans la tradition historique et privilégient les hauts faits d'armes ou les glorieux exploits des héros les plus populaires de l'histoire nationale ; ceux enfin qui relèvent du fantastique, du surnaturel. Dans cette dernière catégorie, toute une galerie d'êtres ou de phénomènes directement issus des légendes peuple les récits : diablotins, sorciers, loups-garous, bêtes mystérieuses et effrayantes, revenants et fantômes. Le diable, dans une société profondément religieuse, occupe tout naturellement une place de choix, affrontant un autre personnage fondamental : le curé, représentant terrestre de Dieu, qui prend souvent en charge dans les récits la lutte contre les forces du mal. La plupart de ces contes du Canada français, comme partout à travers le monde, plongent leurs racines dans une histoire si ancienne qu'ils appartiennent à un patrimoine universel ; seuls les traits de mœurs spécifiques permettent d'en situer l'origine géographique.

3. LE PREMIER ROMAN

Cette période de près d'un siècle qui succède à la conquête anglaise est certes marquée par une relative pauvreté en matière de création. Elle est cependant couronnée en 1837 par la parution du premier roman canadien-français.

---

5. Là où se fait le sirop d'érable.

Précurseur sans succession immédiate, ce premier roman est nourri de vieilles légendes et puise dans la veine des récits surnaturels et fantastiques.

Philippe Aubert de Gaspé fils (1814-1841)

L'Influence d'un livre[6], de Philippe Aubert de Gaspé fils, s'inscrit dans la tradition très vivace du récit légendaire. L'auteur ouvre son roman par une préface en forme de manifeste : « Les romanciers du dix-neuvième siècle ne font plus consister le mérite d'un roman en belles phrases fleuries ou en incidents multipliés ; c'est la nature humaine qu'il faut exploiter pour ce siècle positif, qui ne peut plus se contenter de Bucoliques, de tête-à-tête sous l'ormeau ou de promenades solitaires dans les bosquets [...]. J'offre à mon pays le premier roman de mœurs canadien. » Il se lance ensuite dans un récit où viennent s'insérer deux légendes dont celle du diable au bal (ou diable danseur) est l'une des plus célèbres du Canada français. Cette légende rapporte qu'un étranger, se présentant vers onze heures à la veillée de Mardi gras, danse avec la jeune fille de la maison tandis que son fiancé se morfond. À minuit, selon la coutume, le père veut interrompre la danse, mais la jeune fille, grisée par le bel étranger vêtu de velours noir, insiste pour poursuivre la fête et promet son amour à son cavalier qui lui remet alors un collier de vraies perles. Averti dans son sommeil du danger qui menace la jeune-fille, le curé accourt aussitôt et reconnaît immédiatement le signe de Satan. Le visiteur disparaît alors, laissant derrière lui une forte odeur de soufre tandis que la jeune fille s'évanouit. Elle entre au couvent pour expier sa faute et meurt quelques années plus tard. L'ordre du monde perturbé par une transgression est ainsi rétabli et la morale sauvegardée.

L'Influence d'un livre est donc un roman gothique empreint de magie et de fantaisie. À ce titre, il occupe une place un peu singulière dans la production littéraire du XIXe siècle Ceux qui vont suivre seront marqués d'un caractère plus didactique et moral. Pour trouver une succession à cette lignée romanesque ouverte par Philippe Aubert de Gaspé et voir les liens renoués avec les contes et les légendes, il faudra attendre le XXe siècle et l'œuvre de Jacques Ferron notamment.

Ainsi, hormis quelques exceptions : talent de plume d'un Étienne Parent

---

6. Québec, Imprimerie William Cowan et Fils, 1837 ; Hurtubise, HMH, 1984.

ou veine fantastique ouverte par Philippe Aubert de Gaspé, l'expression littéraire de la seconde moitié du XVIIIe et du début du XIXe siècle n'a laissé que
peu de traces. Mais la littérature va bientôt prendre une autre forme et s'orien-
ter vers des genres qui connaîtront une grande prospérité : l'histoire d'une
part, et le roman de la terre de l'autre. La survivance passe en effet par le
travail de mémoire et l'œuvre des historiens va permettre une prise de
conscience salutaire. Elle passe aussi par le maintien des valeurs qui ont forgé
la première strate identitaire du peuple canadien-français : attachement à la
terre, défense de la langue et de la religion. Le roman de la terre va assurer la
perennité de cette tradition.

3

LES TEXTES FONDATEURS (1837-1930)

La situation de crise provoquée par la séparation du pays en deux provinces aux intérêts diamétralement opposés aboutit à une guerre civile qui éclate en 1837. Mal organisée, la révolte des Patriotes, conduite par Louis-Joseph Papineau, échoue. La répression est sanglante, démesurée et réduit à néant l'espoir des Canadiens français d'accéder à l'indépendance.

Louis-Joseph Papineau, élu au Parlement en 1809, président de la Chambre du Bas-Canada de 1815 à 1838, député en 1848, chef du parti canadien, puis du parti patriote, grand orateur et foudre d'éloquence, est devenu une figure légendaire du Québec. Les esprits ont été fortement marqués par cette rébellion. Mais, en dépit de tous les espoirs dont elle était porteuse, la révolte des Patriotes qui aurait pu embraser le pays fit long feu et force est de constater que l'événement capital que fut la révolte de 1837 n'a pas eu son romancier.

À la suite de la révolte des Patriotes, le gouvernement britannique nomme un gouverneur général, lord Durham, auteur d'un jugement tristement célèbre sur le peuple canadien-français : « On ne peut guère concevoir de nationalité plus dépourvue de tout ce qui peut vivifier et élever un peuple que les descendants des Français dans le Bas-Canada, du fait qu'ils ont gardé leur langue, et leurs coutumes particulières. C'est un peuple sans histoire et sans littérature[1]… »

En réaction à ce jugement sans équivoque devant la menace de voir leur nation disparaître avec l'Acte d'union de 1840 – qui doit conduire à l'assimilation des Canadiens français – va naître le sursaut salvateur.

---

1. Lord Durham, *Report on the Affairs of British North America*, Londres, 1839.

1. LE POIDS DU CLERGÉ

Peu à peu les Canadiens français prennent la mesure de leurs différences. Des idées nouvelles s'expriment avec la fondation de l'Institut canadien de Montréal en 1844, sorte d'université populaire qui entre en guerre ouverte contre la toute-puissante autorité catholique. C'est là qu'Arthur Buies (auteur de *Lettres sur le Canada*, 1864-1867, et de *Chroniques*, 1873) prononce ses premières conférences dont les sujets, extrêmement variés, touchent aussi bien la presse canadienne-française, le développement du chemin de fer ou la géographie que des questions patriotiques.

Le clergé, extrêmement puissant, véritable force politique à partir de 1840 (à la suite de l'échec des Patriotes) est l'intermédiaire tout désigné entre le vainqueur et les vaincus. Il contrôle à tous les niveaux le système d'éducation et ne cesse de renforcer son pouvoir, occupant une place prépondérante dans la définition des objectifs sociaux du pays. Gardien des valeurs morales traditionnelles, il veille sur la pureté des mœurs et de la langue, étroitement associées. Agent d'homogénéisation et de sacralisation du système social, c'est lui qui a en charge de façonner le caractère et la destinée de la colonie française en terre d'Amérique. Il oriente la littérature naissante dans la voie d'un discours moralisant.

La méfiance instinctive affichée vis-à-vis du livre, objet de licence et d'émancipation des esprits, se porte désormais vers le roman, genre naissant en cette seconde moitié du XIXe siècle. Décrié car tenu pour pernicieux, le roman incarne l'aventure, l'amour, pour tout dire le péché ; point de vue résumé par un journaliste de *L'Opinion publique* en 1879 : « Les peuples honnêtes n'ont pas de roman. »

L'abbé Henri-Raymond Casgrain (1831-1904), grand animateur des lettres canadiennes-françaises, définit dans son texte-manifeste *Le Mouvement littéraire en Canada* (1866) la nature d'une littérature qui doit être « essentiellement croyante et religieuse ».

C'est ainsi qu'en 1852, l'université Laval est fondée dans la dépendance du séminaire de Québec et qu'en 1858 naît la Société historique de Montréal. La ville de Québec, vers 1860, apparaît comme un milieu propice à la formation d'une littérature nationale et connaît un mouvement littéraire qui, opérant un retour aux sources, prône la construction de la littérature sur le passé collectif. Ce mouvement que l'on appelle encore parfois « l'École patriotique de Québec », en raison d'une prise de conscience d'ordre en fait plus patriotique que littéraire, coïncide avec la création de deux revues, *Les Soirées canadiennes* et *Le Foyer canadien*. Des notables, des fonctionnaires, des universitaires et des ecclésiastiques se réunissent régulièrement dans les arrière-boutiques des librairies. En 1861, Joseph-Charles Taché, Henri-Raymond Casgrain, Antoine Gérin-Lajoie et Hubert La Rue fondent un « recueil de littérature nationale », *Les Soirées canadiennes*, dont l'objectif premier est de « raconter les délicieuses histoires du peuple », reprenant ainsi la phrase de Charles Nodier : « Hâtons-nous de raconter les délicieuses histoires du peuple avant qu'il ne les ait oubliées. » Deux ans plus tard, en 1863, une revue parallèle est fondée, *Le Foyer canadien*. Les œuvres produites sont plus sérieuses que divertissantes, plus didactiques que gratuites.

2. L'HISTOIRE

La peur de voir la nation disparaître pousse à composer son épitaphe. L'histoire vient au secours d'un pays qui n'en est pas encore un, justifiant l'existence d'une collectivité désarmée en l'aidant à se trouver des points d'ancrage dans le temps. Le récit historique naît pour se mettre au service d'une cause : la nécessité de faire revivre les plus belles heures du passé afin de consolider un présent fragile, de renforcer une société privée d'assises économiques et sociales et mise en situation d'infériorité par la conquête anglaise.

François-Xavier Garneau (1809-1866)
Au premier rang des historiens, François-Xavier Garneau déclenche le processus avec son *Histoire du Canada depuis sa découverte jusqu'à nos jours*[2]. Le rapport de lord Durham qui ravalait le peuple canadien-français au rang des sans-histoire a fouetté la fierté de l'homme et l'énergie de l'écrivain. Comme la plupart des auteurs de la seconde moitié du XIXe siècle, Garneau se

2. Québec, éditions Aubin, tome I, 1845, tome II, 1846, éditions Fréchette, tome III, 1848.

sent investi d'une mission. Il puise dans les sources nationales les thèmes qui vont définir la littérature de ce pays comme canadienne-française : « Faisant prendre conscience d'elle-même à une nation, c'est lui qui a mis en branle ses facultés créatrices[3] ».

Autodidacte, Garneau cherche chez les historiens français la clef qui lui permettra d'interpréter le passé canadien et donne à l'historien la mission de guider le peuple. Ses modèles sont Michelet ou Thiers. Il préconise la résistance face à l'Angleterre et suggère que les Canadiens français, dont il dresse, en conclusion de son *Histoire*, un portrait lucide, restent « fidèles à eux-mêmes » :

> « Aujourd'hui les Canadiens français forment un peuple de cultivateurs dans un climat rude et sévère. Ils n'ont pas, en cette qualité, les manières élégantes et fastueuses des populations méridionales ; mais ils ont de la gravité, des caractères et de la persévérance. »

Son influence, déterminante pour le destin de l'historiographie canadienne-française, est considérable sur les écrivains de la seconde moitié du XIXe siècle.

Philippe Aubert de Gaspé (1786-1871)

Un des rares livres de l'époque qui ne cède pas à la tentation de l'épique est dû à l'avocat Philippe Aubert de Gaspé, père de l'auteur de *L'Influence d'un livre* et cinquième seigneur de Saint-Jean-Port-Joli. *Les Anciens Canadiens* connaît un retentissant succès : la première édition de 1863 est épuisée en quelques mois et dès 1864 paraît une seconde édition, revue et corrigée, ainsi qu'une traduction anglaise. S'il témoigne bien d'une mémoire et se fonde sur des données historiques, le livre brise les cadres rigides de l'histoire : *Les Anciens Canadiens* relève à la fois du roman de mœurs et du roman historique. Comme l'ensemble des textes produits à cette époque au Canada français, il doit être abordé en tenant compte des circonstances sociales et politiques. Il idéalise le passé afin de justifier et de faire admettre le présent.

---

3. Auguste Viatte, *Histoire littéraire de l'Amérique française*, Québec, Presses de L'Université Laval, 1954.

La position sociale de l'auteur et le passé de sa famille l'ont conduit à penser qu'il était bien placé pour brosser un tableau de mœurs et de modes de vie en voie de disparition. La guerre de conquête lui est apparue comme l'événement autour duquel il pourrait regrouper tous ses souvenirs et bâtir une œuvre. C'est ainsi que l'intrigue amoureuse du roman, souvent bien maladroite, n'est qu'un prétexte à l'expression de souvenirs personnels ou collectifs. Quantité de détails sur les mœurs canadiennes-françaises jouent un rôle précieux de témoignage. L'auteur n'omet rien et fait œuvre d'historien du quotidien. Ses talents de conteur sont mis au service d'une mémoire nourrie d'anecdotes piquantes et l'apport de contes et légendes intégrés au récit lui confère un charme particulier.

La première partie des *Anciens Canadiens* idéalise le « bon vieux temps ». La féodalité n'y apparaît pas dans ses aspects contraignants : seuls les bons sentiments, l'amour et l'estime semblent avoir régné sous le régime français. L'idéalisation de cette époque de l'histoire revient finalement à prononcer un éloge du régime seigneurial. La deuxième partie constitue la contrepartie de la première. Avec la ruine de la noblesse canadienne-française, c'est toute la « race » qui est décapitée. La défaite de 1760 est au centre du roman comme l'inévitable catastrophe qui a divisé le monde en « avant » et « après ».

En prononçant l'apologie du régime français, Philippe Aubert de Gaspé n'a fait que traduire un sentiment nostalgique dominant à son époque. À sa suite, d'autres représentants du roman historique reprendront le flambeau, parmi lesquels Napoléon Bourassa ou Joseph Marmette.

3. Le roman de la terre

Le roman de la terre, encore appelé roman du terroir ou roman régionaliste, occupe une place considérable dans la production littéraire du Canada français. Aucune forme littéraire ne pouvait mieux rendre compte d'une société présentant tous les traits de ce que les anthropologues nomment une « folk society ». En effet, à l'époque où naît le roman de la terre avec Patrice Lacombe (*La Terre paternelle*, 1846), les Canadiens français menacés, aliénés, se consacrent au culte tout-puissant de la tradition et mettent toutes leurs énergies au service de l'héritage français. Dans un univers idéologique où tout est fixé, arrêté, où toute différence fait figure de déviation ou d'hérésie, l'individu est soumis aux exigences du groupe ; or l'impérieuse nécessité de survie du peuple canadien-français passe par la terre.

Ce genre apparaît alors comme une parfaite illustration de la pensée qui se développe et acquiert de plus en plus de force jusqu'à devenir une pensée « officielle ». Marqué par des préoccupations régionalistes, le roman du terroir est également respectueux de l'histoire et de la tradition. À la fois nationaliste et religieux, il est fondé sur le mythe de la condition paysanne proposée comme idéal de vie et s'inscrit dans ce courant de pensée qui ne conçoit pas de meilleure activité pour l'homme que le travail de la terre et voit dans l'homme des champs un être heureux, doté d'un bonheur qui échappe au temps, aux passions et aux désirs.

Les romanciers dits « agriculturistes », au nombre desquels Patrice Lacombe et Antoine Gérin-Lajoie, proposent de leur pays une vision mythique, fondée sur un système de représentations qui tente de justifier et d'expliquer l'existence canadienne-française[4]. Ce faisant, ils participent à une entreprise idéologique de portée nationale. Ils célèbrent les valeurs du terroir par le biais d'une opposition manichéenne ville/campagne qui contribue à dessiner l'identité d'une « race ». La ville, lieu de perdition, de vice et de dépravation s'oppose à la vie rurale idéalisée, rédemptrice, assurant bonheur et prospérité.

À l'intérieur du roman du terroir, on peut distinguer plusieurs catégories. Le roman de colonisation raconte l'établissement des nouveaux colons dans des régions inexplorées, nouvellement ouvertes au défrichement – *Jean Rivard le défricheur* (1862) et *Jean Rivard économiste* (1864) d'Antoine Gérin-Lajoie en sont la parfaite illustration – tandis que le roman de la terre paternelle, avec le roman éponyme de Patrice Lacombe, pose le problème de la succession sur la terre ancestrale.

---

4. Sur le pays mythique, voir notre thèse de doctorat, *De Patrice Lacombe à Jacques Ferron, le Québec, pays littéraire mythique*, Sorbonne-Paris-IV, 1987.

Patrice Lacombe (1807-1863)

Avec *La Terre paternelle*[5], Patrice Lacombe est tenu pour le pionnier d'un genre qui aura la vie longue. Son texte, qui s'apparente à la nouvelle, se présente comme une démonstration didactique autour du développement naïf et maladroit d'une thèse à caractère médical. Il décrit l'état de santé idéal du Canadien français : la condition paysanne, pour ensuite mieux dépeindre les maux qui peuvent l'affecter : le départ, l'exil vers la ville, avant de prononcer le remède : le retour à la terre. Patrice Lacombe entend rompre avec un romantisme très prisé par les lecteurs de l'époque et opte pour le réalisme et l'esthétique de la vraisemblance. Sa conclusion est explicite :

« Quelques-uns de nos lecteurs auraient peut-être désiré que nous eussions donné un dénouement tragique à notre histoire : ils auraient aimé à voir nos acteurs disparaître violemment de la scène, les uns après les autres, et notre récit se terminer dans le genre terrible comme un grand nombre de romans du jour. Mais nous les prions de remarquer que nous écrivons dans un pays où les mœurs en général sont pures et simples, et que l'esquisse que nous avons essayé d'en faire eût été invraisemblable et même souverainement ridicule si elle se fût terminée par des meurtres, des empoisonnements et des suicides. »

Antoine Gérin-Lajoie (1824-1882)

Jean Rivard – dont la première partie (1862) est intitulée « Jean Rivard le défricheur » et la seconde, qui paraîtra deux ans plus tard, « Jean Rivard économiste » – est l'un des romans du XIXe qui a obtenu le plus de succès. L'aventure de Jean Rivard est, selon Antoine Gérin-Lajoie, exemplaire. Ce héros qui défriche la terre au prix d'intenses labeurs, devient maire de la nouvelle paroisse qu'il a contribué à ériger et finit représentant de ses concitoyens à l'Assemblée, apporte la preuve que l'agriculture constitue la base de la société.

Jean Rivard est un roman de colonisation où sont exaltées les vertus du courage, de l'abnégation et de la persévérance face à une terre vierge qu'il faut dompter. Dans sa préface, l'auteur affirme qu'un de ses buts est d'encourager la « jeunesse canadienne à se porter vers la carrière agricole au lieu d'encombrer la profession d'avocat, de notaire, de médecin et les comptoirs

5. In *L'Album littéraire et musical de la Revue canadienne*, vol. I, février 1846.

des marchands comme elle fait de plus en plus au grand détriment de l'intérêt public et national ».

La colonisation apparaît comme la voie de survie de la race canadienne-française, évitant l'exil des jeunes vers les États-Unis qui privait la nation de bras vigoureux. Toujours dans sa préface, l'auteur prend le soin de souligner : « Ce n'est pas un roman que j'écris. » Cet avertissement accompagne la plupart des romans qui paraissent au Canada français à la fin du XIXᵉ siècle. Le genre romanesque naît donc « dans sa propre négation ; c'est un enfant malvenu. Il est l'objet, de la part de ceux-là mêmes qui le pratiquent, d'une réprobation absolue et instinctive[6] ». Cette prudence exprimée par la première génération de romanciers renvoie à un environnement imprégné de morale catholique dans lequel les passions, les sentiments ou l'aventure relèvent du péché. Figé dans des impératifs incontournables – exaltation de la foi, de la langue, de la terre –, le roman du terroir est pauvre et prisonnier d'une esthétique placée sous le signe de la ruralité. Il donnera pourtant quelques œuvres, au nombre desquelles *Maria Chapdelaine*, dont la portée fut considérable.

Louis Hémon (1880-1913)

Le roman de Louis Hémon se situe, comme *Jean Rivard*, dans la lignée des romans de colonisation, mais, à la différence de ses prédécesseurs, Louis Hémon n'a pas pour propos de dénoncer l'encombrement des vieilles paroisses et d'exhorter à aller défricher des terres vierges. Son regard d'observateur, autorisé par une distance due à sa nationalité française, lui permet d'établir une typologie des différents caractères d'hommes de la terre et de mettre en lumière les mythes de l'époque. Il est sensible à « l'éternel malentendu entre deux races : les pionniers et les sédentaires, les paysans venus de France qui avaient continué sur le sol nouveau leur idéal d'ordre et de paix immobile, et ces autres paysans en qui le vaste pays sauvage avait réveillé un atavisme lointain de vagabondage et d'aventure ».

Avec *Maria Chapdelaine*[7], Louis Hémon campe trois portraits de Canadiens français. François Paradis, coureur des bois et ami des « sauvages », pour

---

6. Gilles Marcotte, *Une littérature qui se fait*, Montréal, éditions HMH, 1968.
7. Publié à Paris en feuilleton dans *Le Temps* en 1914, *Maria Chapdelaine* paraîtra en volume à Montréal en 1916.

qui bat le cœur de Maria, est l'aventurier incapable de se fixer. Lorenzo Surprenant incarne les nombreux Canadiens français qui ont fait le choix de l'exil aux États-Unis. Quant à Eutrope Gagnon, il reste au pays et représente l'atavisme de sédentarité des vieilles souches paysannes. Il est le symbole de la raison, de la sagesse et de la stabilité, valeurs victorieuses puisque c'est finalement lui qui emportera la main de Maria Chapdelaine qui entend, comme une révélation, « la voix du pays de Québec, qui était à moitié un chant de femme et à moitié un sermon de prêtre ». Cette voix qui appartient à un ordre intangible, instauré par ses ancêtres, dictera la conduite de Maria.

Avec un lyrisme mesuré, *Maria Chapdelaine* sait chanter la beauté âpre de la terre canadienne française et capter la grandeur des éléments. « Personne n'ose imaginer que ce beau roman sévère, admirablement écrit, aurait pu être l'œuvre d'un Canadien français ; seul un nouveau venu formé à l'extérieur de notre couvent national pouvait […] exprimer à parts égales la simple grandeur humaine et l'atroce dénuement du colon[8]. »

Il faut donc attendre le XXᵉ siècle pour trouver une expression plus achevée et voir émerger les figures marquantes du roman de la terre. C'est d'ailleurs en 1909 qu'est fondée la revue *Le Terroir* (émanation de l'École littéraire de Montréal) qui, pour contrecarrer et discréditer d'autres sources d'inspiration, se donne pour mission de favoriser un second souffle dans l'exploitation du thème de la terre.

4. ESQUISSE DU ROMAN PSYCHOLOGIQUE

À la fin du XIXᵉ siècle, en dépit d'un environnement intellectuel peu propice à encourager l'originalité, des voix nouvelles vont se faire entendre. Le grand absent du roman de la terre est l'individu puisque ce genre prône un modèle collectif au sein duquel les aspirations singulières ne comptent pas. La psychologie, l'introspection restent donc absentes du paysage romanesque pendant longtemps.

---

8. Gilles Marcotte, *op. cit.*, p. 19.

Laure Conan (1845-1924)

C'est à une femme, Laure Conan, pseudonyme de Félicité d'Angers, que l'on a coutume de rapprocher d'Eugénie de Guérin, que le roman canadien-français doit son entrée dans une nouvelle sphère. Son roman, *Angéline de Montbrun*, paraît dans *La Revue canadienne* de juin 1881 à août 1882 avant d'être publié en volume à Québec, à l'Imprimerie Léger Brousseau, en 1884. Il s'agit du premier roman d'introspection et aussi du premier roman d'amour écrit au Canada français. En cela, il diffère totalement de tout ce qui s'est écrit auparavant et, dans le contexte de l'époque, apparaît comme une œuvre novatrice, totalement originale. De plus, Laure Conan est une des premières femmes canadiennes à produire une œuvre romanesque.

La critique s'est longtemps attardée à établir des relations entre l'auteur et son personnage. La lecture du roman peut en effet être éclairée par la biographie d'une femme qui, poussée par la nécessité de revivre cet épisode de sa vie, entreprend, pour la seconde fois, de raconter son histoire avec le député Pierre-Alexis Tremblay, une aventure dont elle a déjà tiré « Un amour vrai », nouvelle parue dans *La Revue de Montréal* en 1878 et 1879.

Angéline de Montbrun se compose d'une partie épistolaire et d'un journal intime entre lesquels vient s'intercaler un bref récit où sont relatés la mort du père bien-aimé et tout-puissant, ainsi que l'accident qui défigure Angéline et conduit à la rupture de ses fiançailles. Après un éphémère aperçu de ce que peut être le bonheur, Angéline fait l'apprentissage de la frustration, de la privation et développe une véritable « passion » du sacrifice. À l'écart des regards, seule dans sa maison, elle peut à loisir se livrer au culte des disparus et savourer « l'amère volupté des larmes ». La jeune femme, prisonnière d'une vie semblable à « un tombeau », se met à parler au portrait de son père disparu et à ressentir face à cette peinture un trouble profond : « J'étouffais de pleurs, je suffoquais de souvenirs et, dans une sorte d'égarement, dans une folie de regrets, je parlais à ce cher portrait comme à mon père lui-même. »

La lecture et la méditation remplissent le vide d'une existence recluse et bientôt l'écriture lui permet de livrer ses impressions sur l'existence, de décrire son évolution spirituelle, de soumettre ses interrogations sur le bonheur. Angéline de Montbrun se délecte dans cette solitude farouchement défendue. Les déceptions et l'amertume ont peu à peu éteint ce qui en elle était appel à la vie et sensibilité frémissante aux choses du monde. Elle se résigne au renoncement, cultive la séduction de l'absence et sublime sa souffrance. C'est d'ailleurs ce que vit l'abbé Casgrain qui prétendit sortir de la lecture de ce roman « comme d'une église, le regard au ciel, la prière sur les lèvres, l'âme pleine de clartés et les vêtements tout imprégnés d'encens ».

Si les thèmes explicites du roman sont bien ceux de la souffrance qui conduit vers Dieu, du détachement et de la plus haute passion : celle du sacrifice, *Angéline de Montbrun* offre une autre lecture. Au-delà d'une façade parfaitement fidèle aux normes de l'époque, ce roman d'édification religieuse cache un drame d'amour singulier puisqu'il concerne une fille et son père. Le père, déifié, devient objet de culte et Angéline « vit en lui un peu comme les saints vivent en Dieu ».

Angéline de Montbrun dépeint en fait un personnage hanté par le passé, qui ne peut se résigner à ne pas être aimée, refuse la solitude du cœur qui la dépouille et cherche en vain une « consolation » et la paix de l'âme, cette « bienheureuse ignorance des troubles du cœur ». Une confession involontairement indiscrète y est livrée qui offre des éclairages sur les zones les plus secrètes et les plus obscures du cœur. La révolte du personnage face à la petite mort d'une vie recluse est une revendication implicite pour la femme d'un rôle de participation à la vie, au sens le plus large.

À l'instar des romantiques, Laure Conan accorde les paysages aux états d'âme de ses personnages ; fidèle à l'esprit romantique, elle renouvelle la forme romanesque en empruntant à trois formes stylistiques : lettres, narration et journal. La vraisemblance des personnages, la justesse des dialogues et surtout l'approche psychologique font de ce texte une œuvre unique qui inaugure une description de la misère morale ultérieurement poursuivie avec talent dans la production romanesque canadienne-française. S'y épanouissent une sensibilité et un imaginaire féminins servis par une véritable écriture. *Angéline de Monbrun* est une « espèce de miracle dans l'indigence littéraire de l'époque[9] ».

---

9. Gilles Marcotte, *ibid*.

5. LA POÉSIE

L'influence romantique, condamnée par les romanciers du terroir, gagne pourtant le Canada français et se manifeste en poésie comme dans les discours politiques : on cite Rousseau, on lit Chateaubriand et bientôt Lamartine et Hugo. Des concours de poésie sont organisés autour de sujets « tirés du pays ». L'Union forcée des deux Canadas en 1840 inspire des vers imprégnés de désespoir. Le drame, avec sa cohorte de spectres et de cercueils, envahit bientôt la poésie et le thème de l'exil ne tarde pas à surgir, ce dont témoigne la chanson « Un Canadien errant »[10], expression de la solitude, du malheur qui frappe toute errance, et de la déchirure de toute séparation. Le thème du départ, de l'exil ou du voyage constitue une veine importante de la littérature canadienne-française, incarné notamment par le personnage du coureur des bois ou du voyageur sans bagages qui sillonne le pays.

Octave Crémazie (1827-1879)

À Québec, la librairie du libraire-poète Octave Crémazie fut d'abord le cénacle où se préparait le mouvement littéraire de 1860. En 1862, exilé en France à la suite d'une banqueroute, il acquiert le statut de « poète national ». Cet exil géographique mais aussi intérieur en fait un romantique très populaire parce que symbole de l'aliénation collective. Il cesse pourtant d'écrire après son départ (« Les poèmes les plus beaux sont ceux que l'on rêve mais que l'on n'écrit pas ») et il ne reste de lui qu'une œuvre de jeunesse et surtout une *Correspondance* qui révèle un lecteur original de la littérature canadienne-française.

En effet, depuis son exil parisien, Crémazie capte et analyse mieux que quiconque la situation marginale de la littérature canadienne-française : « Si nous parlions huron ou iroquois, les travaux de nos écrivains attireraient l'attention du vieux monde [...] On se pâmerait devant un roman ou un poème traduit de l'iroquois tandis que l'on ne prend pas la peine de lire un volume écrit en français par un colon de Québec ou de Montréal », écrit-il en 1867 à l'abbé Casgrain. Conscient des limites d'une petite « société

---

10. Chanson écrite par Antoine Gérin-Lajoie en 1842.

d'épiciers », il porte à distance un jugement exigeant sur un pays dont les écrivains doivent renoncer « aux beaux rêves d'une gloire retentissante » pour se contenter de « contribuer à la conservation, sur la jeune terre d'Amérique, de la vieille nationalité française » (*Œuvres II*, « Prose »).

L'ancêtre de la poésie canadienne-française innove, cependant, en parlant de la mort (« La promenade de trois morts » – dont seule fut écrite la première partie – est d'une invention très macabre), du sentiment d'étrangeté à la vie, de la difficulté de vivre dans son pays et de la tentation de l'exil : « Je sens en moi grandir une âme d'étranger. » Il inaugure en cela une forte tradition littéraire où l'absence à soi-même, au monde et à la vie constituent les signes principaux de l'aliénation.

Émile Nelligan (1879-1941)

L'univers clos d'Émile Nelligan, le premier grand poète du Canada français, se situe dans la lignée romantique d'Alfred de Musset ou de Gérard de Nerval, mais le poète a aussi fréquenté le Parnasse, Baudelaire et les symbolistes. « Enfant prodige », « jeune génie », toutes les épithètes ont été accolées par sa génération éblouie à celui qui allait sombrer « au portail des vingt ans » dans la folie, après trois années de production fulgurante. Son destin a fait de lui l'incarnation canadienne-française du poète romantique et maudit.

Son œuvre est essentiellement inachevée (« une ébauche de génie », a écrit le critique Louis Dantin qui a lancé Nelligan et son *Œuvre* en 1903) et cet inachèvement relève d'un drame intérieur ; il est le fait d'une inaptitude à vivre, d'une âme vouée à l'hallucination, inondée d'un désespoir envahissant. Si l'angoisse est souvent transposée en mélancolie romantique, elle donne également lieu, dans les vers de Nelligan, à des cris de détresse, à des images de naufrage, à une attirance vers des gouffres sans fond.

La « Romance du vin » (« C'est le règne du rire amer et de la rage/ De se savoir poète et l'objet du mépris/ De se savoir un cœur et de n'être compris/ Que par le clair de lune et les grands soirs d'orage ! »), « Le Vaisseau d'or » (« Ce fut un Vaisseau d'or, dont les flancs diaphanes/ Révélaient des trésors que les marins profanes/ Dégoût, Haine et Névrose ont entre eux disputés ») et « Soir d'hiver » comptent parmi ses poèmes les plus connus. Nombre d'entre eux ont été adaptés en chansons, au théâtre ou mis en musique.

Soir d'hiver

Ah ! comme la neige a neigé !
Ma vie est un jardin de givre.
Ah ! comme la neige a neigé !
Qu'est-ce que le spasme de vivre
À la douleur que j'ai, que j'ai !

Tous les étangs gisent gelés,
Mon âme est noire : Où vis-je ? où vais-je ?
Tous les espoirs gisent gelés :
Je suis la nouvelle Norvège
D'où les blonds ciels s'en sont allés.

Pleurez, oiseaux de février,
Au sinistre frisson des choses,
Pleurez, oiseau de février,
Pleurez mes pleurs, pleurez mes roses,
Aux branches du genévrier.

Ah ! comme la neige a neigé !
Ma vitre est un jardin de givre.
Ah ! comme la neige a neigé !
Qu'est-ce que le spasme de vivre
À tout l'ennui que j'ai, que j'ai !

Poésies complètes, éditions Fidès, 1989.

Si Nelligan est passé comme une splendide et solitaire météorite dans la poésie canadienne-française, ses vers ne sont pas totalement désincarnés ; ils reflètent aussi un milieu, notamment à travers le mythe de la mère – omniprésente dans ses vers –, expression du psychisme collectif et thème littéraire récurrent : « Quelquefois sur ma tête elle met ses mains pures,/ Blanches, ainsi que des frissons blancs de guipures./ Elle me baise au front, me parle tendrement,/ D'une voix au son d'or mélancoliquement./ Elle a les yeux couleur de ma vague chimère,/ Ô toute poésie, ô toute extase, ô Mère ! » (« Ma Mère ».)

Son testament poétique a profondément influencé la jeune génération qui vers 1900-1910 atteint la maturité, et cette reconnaissance est notamment due au rôle de l'École littéraire de Montréal où Nelligan a trouvé des amis et un public.

6. L'ÉCOLE LITTÉRAIRE DE MONTRÉAL

Après l'Institut canadien, les dernières années du XIXe siècle voient se rassembler une poignée de poètes, intellectuels et notables qui veulent discuter les tendances littéraires encore nouvelles au Canada que sont le Parnasse et le symbolisme. « Quatre avocats, un graveur, deux journalistes, un médecin, un libraire, cinq étudiants, un notaire et un peintre réunis autour d'un tapis vert jonché de manuscrits » : tels sont les débuts en 1895, évoqués par le peintre Charles Gill, de ce cercle, appelé École littéraire de Montréal. Celle-ci propose des séances publiques dont celle du printemps 1899 au château de Ramezay, demeurée inscrite dans les esprits comme un grand moment de la vie littéraire de l'époque, où Nelligan récita sa « Romance du vin ». L'heure de gloire de ce mouvement a d'ailleurs coïncidé avec celle de Nelligan : il a permis au poète de s'exprimer publiquement, d'être lu et entendu et en retour a bénéficié de son aura. Il a surtout manifesté un immense besoin de renouvellement dont la société tout entière était porteuse.

En effet, au début du XXe siècle, Montréal – la population est alors urbanisée à 50 % et bénéficie d'un style de vie plus propice à l'activité intellectuelle – draine un afflux croissant de population et s'affirme comme la capitale. Parallèlement, elle voit se multiplier les sociétés culturelles et les librairies. Autant de signes d'une collectivité active, vivante, productive qui permettaient d'espérer sur le plan littéraire une ouverture, un regain. Pourtant, si, jusque dans les années 1930, on publie énormément et dans tous les genres, il n'est pas possible de discerner dans cette production l'émergence d'un grand art du roman.

La période qui suit traduira un éveil difficile, marqué certes par des ruptures, mais sans pour autant renoncer à certaines constantes.

RUPTURES ET CONSTANTES (1930-1950)

Une page fameuse de l'abbé Henri-Raymond Casgrain, extraite du texte *Le Mouvement littéraire en Canada* (1866) qui énonçait les directives de salut de la littérature canadienne – elle sera « grave, méditative, spiritualiste, religieuse, évangélisatrice comme nos missionnaires, généreuse comme nos martyrs, énergique et persévérante comme nos pionniers » – a réglé la conduite des écrivains jusque dans les années 1930. L'affirmation de la vocation religieuse de la littérature – « elle n'a pas d'autre raison d'être » – a été jusqu'à l'enfermer dans une destinée irrévocable : « Sa voie est tracée d'avance : elle sera le miroir fidèle de notre petit peuple. » Le programme ainsi fixé à tous les écrivains comme un devoir collectif présentait dès lors l'expression littéraire comme une contraignante observance de règles et non comme la manifestation d'un regard individuel sur le monde. De cette nécessaire soumission de l'individu-écrivain au groupe, énoncée en cette fin du XIXe par l'une des voix les plus influentes de l'époque, de nombreuses traces subsistent au XXe siècle, et bien au-delà des années trente, puisque l'un des axes les plus forts de la littérature canadienne-française s'articule autour du rôle des écrivains dans les questions de recherche identitaire.

1. APOGÉE ET DÉCLIN DU ROMAN DU TERROIR

Au seuil du XXe siècle, l'idée d'une vocation terrienne du peuple canadien-français est loin d'être périmée ; elle va au contraire trouver son apogée dans les premières décennies avec *Maria Chapdelaine* (voir chap. 3), mais aussi avec *Un homme et son péché* de Claude-Henri Grignon (1933), *Menaud maître draveur* de Félix-Antoine Savard en 1937, puis *Trente Arpents* de Ringuet et la trilogie de Germaine Guèvremont.

Depuis le précurseur Patrice Lacombe, la production s'est d'ailleurs enrichie de nombreux romans (*Charles Guerin*, de Pierre-Joseph-Olivier Chauvreau, 1846 ; *Les Ribaud*, 1898, et *La Terre*, 1916, d'Ernest Choquette ; ou encore *Restons chez nous*, 1908, de Damase Potvin) qui se situent tous dans la droite ligne des structures déjà mises en place et viennent conforter l'image d'un univers très codé, régi par des lois qui font appel aux plus anciens archétypes : famille, religion, patrie. Affirmatif, positif et rassurant, cet univers exclut toute trangression et, si d'autres horizons parviennent à s'y introduire, à mettre ses lois en danger, cela est dû à un rejet coupable des réponses proposées. Le roman de la terre est donc essentiellement une réponse idéalisée face à une situation sociale très tendue. Les signes d'évolution ne sont guère décelables avant les années 1930.

À Claude-Henri Grignon revient d'avoir élargi la portée du roman de la terre en introduisant une analyse psychologique inédite du paysan. Avec *Un homme et son péché* (1933), l'aliénation, le drame, la folie et la passion investissent un univers jusque-là préservé de toute émotion forte ou trouble. Le lyrisme élogieux du roman de la terre est terni par la création d'un personnage qui n'aime pas la terre et ne veut la posséder que pour l'or qu'elle pourra lui rapporter. Le drame de la possession terrienne et de l'appropriation à tout prix est dévoilé.

2. LA CRISE DES ANNÉES 1930

Le Canada français n'a pas connu d'années folles au sortir de la guerre de 1914-1918 et le XXᵉ siècle commence réellement avec la crise économique des années 1930 qui marque une césure historique. Au Canada français, comme dans toute l'Amérique du Nord, la crise de 1929 signale la faillite des modèles traditionnels et le pays connaît alors un climat de fortes tensions idéologiques. Le nationalisme traditionnel, solidement ancré dans la population et propagé par le clergé qui continue à considérer l'agriculture comme seul remède face à une société malade, se heurte à de nouvelles réalités. Le pays entre dans une période d'industrialisation accélérée, et une population ouvrière et salariée, le plus souvent sous domination anglo-saxonne, se substitue bientôt à la classe paysanne. Maurice Duplessis, premier ministre de 1936 à 1939, puis de 1944 à 1959, dont la personnalité se caractérise par l'autoritarisme, incarne cette coexistence de deux tendances irréconciliables. On parlera de « grande noirceur » pour évoquer le climat de son régime d'Union nationale.

Le sociologue Fernand Dumont, dans *La Vigile du Québec*, a remarquablement résumé ce que fut ce tournant des années 1930 : « Avec une terrible angoisse, la génération de Saint-Denys Garneau [voir p. 51] a pris conscience qu'elle appartenait à un peuple confronté depuis toujours à son obscurité et incapable de la nommer. »

Le sentiment de vivre une période de grands bouleversements s'exprimera notamment par le biais de la critique littéraire dont Mgr Camille Roy (1870-1943) est l'un des plus fameux représentants. Professeur de littérature française et canadienne-française au séminaire de Québec et à l'université Laval dont il devient recteur en 1924, son œuvre critique fait figure de travail de pionnier.

3. *LA RELÈVE*

Des revues littéraires voient le jour à partir de 1934, dont *La Relève* (devenue *La Nouvelle Relève* en 1941), dirigée par l'écrivain Robert Charbonneau. Elle inaugure une nouvelle forme de parole en rupture avec le discours nationaliste traditionnel. Le titre l'affiche clairement : une jeune génération entend succéder à ses aînés afin de redresser la situation encore précaire des lettres canadiennes-françaises. « Nous sommes plusieurs à sentir le besoin, chez les jeunes, d'un groupement national, catholique, indépendant, pour développer dans le pays un art, une littérature, une pensée dont l'absence commence à nous peser », annonce la déclaration d'intention parue sous le titre « Positions » dans le premier numéro de la revue en mars 1934.

Inspirée de la réflexion néo-thomiste de Jacques Maritain et de la philosophie personnaliste d'Emmanuel Mounier, qui collaborent à la rédaction, cette revue se situe dans la perspective de l'homme universel et prône une « révolution spirituelle ». Des articles de critique littéraire ou de réflexion politique sont confiés à de jeunes auteurs dont les noms côtoient ceux d'écrivains étrangers confirmés : des écrivains comme Anne Hébert, Roger Lemelin ou Yves Thériault y seront découverts.

Robert Charbonneau, outre son rôle dans la revue, se distingue par une œuvre romanesque inscrite dans la veine psychologique (*Ils posséderont la terre*, 1941 ; *Fontile*, 1945 ; *Les Désirs et les jours*, 1948, notamment) et par une activité de polémiste qui l'opposa entre 1946 et 1948 à un groupe d'écrivains français (parmi lesquels Georges Duhamel, Stanislas Fumet ou Jean Cassou) qui prétendaient que tout ce qui s'écrivait au Canada français n'était qu'une annexe de la littérature française. Ce refus de reconnaître une autonomie aux lettres canadiennes-françaises occasionna un chassé-croisé d'articles virulents entre Paris et Montréal.

4. LE VERS LIBRE

Les premières libertés prises par rapport aux formes traditionnelles, les innovations formelles se font en poésie. Le vers libre apparaît comme une forme nécessaire, la seule qui convienne à la vision qui consiste à voir « au-delà » ; c'est un autre rapport au monde et au langage qui s'installe.

Alain Grandbois (1900-1975)

Dans les années 1930, le premier à pratiquer le vers libre est Alain Grandbois, mais le Canada français l'ignore puisque les sept premiers poèmes des *Îles de la nuit* sont édités à l'autre bout du monde, à Hankéou en Chine, en 1934. Une vingtaine d'autres viendront compléter le recueil définitif publié en 1944.

La poésie d'Alain Grandbois fut jugée « moderne » par ceux qui, à l'époque, avaient encore besoin de s'appuyer sur des repères familiers pour franchir le fossé considérable qui séparait l'ancienne poésie de la nouvelle. Les ruptures de syntaxe, les associations « illogiques » ou les rapports inattendus entre les images font en effet que la poésie de Grandbois est une langue qu'on ne peut évaluer à l'aune des règles de la rhétorique et de la versification classiques. Dès les premiers vers du poème « Ô tourments » qui ouvre le recueil *Poèmes*[1], la métaphore riche et le lyrisme puissant s'imposent. Le langage poétique est un mode de connaissance qui donne accès au mystère de la parole.

> « Ô tourments plus forts de n'être qu'une
> seule apparence
> Angoisse des fuyantes créations

---

1. Ce recueil, paru en 1963 aux éditions de l'Hexagone, rassemble *Les Îles de la nuit*, *Rivages de l'homme* et *L'Étoile pourpre*.

Prière du désert humilié
Les tempêtes battent en vain vos nuques
bleues
Vous possédez l'éternelle dureté des rocs
Et les adorables épées du silence ont en
vain défié vos feux noirs

Tourments sourdes sentinelles
Ô vos soutes gorgées de désirs d'étoiles
Vos bras d'hier pleins des bras d'aujourd'hui
Ont fait en vain les gestes nécessaires
Vos bras parmi ces éventails de cristal
Vos yeux couchés sur la terre
Et vos doigts tièdes sur nos poitrines
aveugles
N'ont créé pour notre solitude qu'une
solitude d'acier »

Poésie 1, Presses universitaires de Montréal, 1990.

Avec Alain Grandbois c'est une nouvelle idée de la poésie qui s'impose, une poésie où tout fait sens pour conférer une unité de ton, d'émotion, de sentiments à un univers pleinement significatif. Le premier, il insuffle à la poésie un élan libérateur capable de rompre avec l'image du poète dément (Nelligan) ou en proie au silence et au désespoir (Saint-Denys Garneau) qui semble contenir toute l'expérience poétique du Canada français. Son verbe possède un souffle « annonciateur de notre libération. Même s'il reflétait une solitude indéniable, il n'en était pas moins un appel à la vie. Par sa présence au monde, Grandbois ouvrait l'espace à la diversité des poètes qui se manifesteront surtout dans les années 1950 : Gaston Miron, Roland Giguère, Paul-Marie Lapointe… », écrira le poète Fernand Ouellette en 1974 dans son *Journal dénoué*.

Hector de Saint-Denys Garneau (1912-1943)
Le vers libre c'est aussi, au premier chef, celui pratiqué par Saint-Denys Garneau, le grand poète de la génération de *La Relève*. 1937 voit paraître le recueil *Regards et jeux dans l'espace* qui constituera jusqu'à sa mort, avec

quelques articles, toute l'œuvre publiée de Saint-Denys Garneau mais qui marqua la victoire d'une expérience poétique exigeante et absolue. Non seulement *Regards et jeux dans l'espace* délaisse les formes traditionnelles de versification pour choisir le vers libre, mais il fait appel à un vocabulaire quotidien et à des images simples comme celle de l'enfance. Cette poésie constituait une provocation au regard des tenants de l'autorité littéraire, et Mgr Camille Roy la traitera d'« obscure ».

Arrière-petit-fils de l'historien François-Xavier Garneau, collaborateur de *La Relève*, peintre et poète méditatif et tourmenté, Saint-Denys Garneau a vécu l'essentiel de son existence enfermé dans le manoir de Sainte-Catherine de Fossambault. Symbole (après Nelligan) du poète maudit, et comme lui ayant donné l'essentiel de son œuvre en trois ans, habité d'un tourment métaphysique et religieux, étranger à une société inculte où il se sent étouffer, condamné par les médecins dès 1934, il sombre dans une profonde névrose dont témoigne son *Journal*.

La poésie est pour Saint-Denys Garneau la voie privilégiée dans sa quête morale et spirituelle. Placé sous le double signe du spectacle (« Regards ») et de l'action (« Jeux »), son recueil répond d'abord à une impérieuse nécessité d'échapper à l'immobilisme : « Mon pire malaise est un fauteuil où l'on reste. » Les premiers thèmes, celui du poète-enfant avec ses jeux et celui du regard-oiseau, traduisent un rêve d'innocence et de pureté dans un monde écrasant, un désir de s'envoler vers des cieux qui échapperaient à la loi de la pesanteur. Comme l'enfant du premier poème, « Le Jeu », le poète reconstruit un monde à sa mesure et cette œuvre de rêveur-bâtisseur requiert toute son attention :

> « Ne me dérangez pas je suis profondément occupé
> Un enfant est en train de bâtir un village
> C'est une ville, un comté »

car de cette entreprise le monde peut sortir transformé :

> « Et qui sait
> Tantôt l'univers.
> Il joue […] ».

Mais bientôt cessent la pureté créatrice du jeu et la légèreté de l'envol ;

l'oiseau devient l'image de la mort, et le poète doit renoncer aux ébats inno-
cents de l'enfance et avancer sur la voie du dépouillement.

L'introspection douloureuse, l'aliénation, le sentiment très vif de la solitude stérile qui très tôt habitent le poète, l'exil intérieur, l'idée de la mort et le
sentiment de culpabilité qui hantent l'œuvre de Saint-Denys Garneau
s'accompagnent d'un drame spirituel auquel il ne parvient pas à échapper.
Car, s'il connaît des moments d'exaltation, ceux-ci sont très rapidement
suivis de profondes lassitudes et de repli sur soi. La tentation du désespoir
n'est jamais loin. Une tragique impossibilité s'impose : jamais la poésie ne
rejoindra le réel et, plus le poète cherche par le regard et par les jeux à péné-
trer la réalité, plus elle lui échappe et plus se creuse en lui la profondeur du
silence et de la mort.

Il aura fallu attendre 1949 pour que paraissent les *Poésies complètes* et que le
Canada français découvre le poète qui a fait entrer sa poésie dans la modernité.

Spleen

Ah ! quel voyage nous allons faire
Mon âme et moi, quel lent voyage

Et quel pays nous allons voir
Quel long pays, pays d'ennui.

Ah ! d'être assez fourbu le soir
Pour revenir sans plus rien voir

Et de mourir pendant la nuit
Mort de moi, mort de notre ennui.

Regards et jeux dans l'espace, Poésies complètes, éd. Fidès, 1949.

5. DES VOIX SINGULIÈRES

Quelques voix singulières, dont il est difficile de dire qu'elles se rattachent à
tel ou tel courant se font entendre dans les années 1930 et 1940. Dans la
veine du roman intérieur, de l'exploration et de l'observation de l'intime qui
se dessine et commence à creuser son sillon en ces années-là, certains titres
de François Hertel (*Leur inquiétude*, 1936, ou *Le Beau Risque*, 1938) sont

indicateurs d'un esprit de l'époque ; esprit que l'on peut retrouver chez Pierre Baillargeon ou Robert Charbonneau qui ont dépeint des états d'âme et se sont livrés à des examens de conscience souvent douloureux. Dans un tout autre registre, Yves Thériault commence dans les années 1940 une œuvre singulière.

François Hertel (1905-1985)

Poète, philosophe, éducateur, critique d'art, François Hertel – pseudonyme de Rodolphe Dubé – a joué dans la vie intellectuelle de la première moitié de ce siècle un rôle important. Il occupe une position singulière dans l'histoire littéraire du Canada français. Entré chez les jésuites où il restera dix-huit ans, devenu professeur de philosophie, il est ordonné prêtre en 1940 et exerce un très fort ascendant sur la jeunesse d'alors. En 1949, il obtient sa sécularisation et quitte un pays où il a conscience de ne plus avoir sa place. *Le Beau Risque* (le titre est emprunté à une formule de Socrate pour évoquer la mort), son premier roman, écrit alors qu'il était encore dans les ordres, subit une importante censure lors de sa publication.

Après plusieurs recueils de poésie, deux essais et deux romans, *Anatole Laplante curieux homme*[2] paraît en 1944. Second volet d'une trilogie entamée avec *Mondes chimériques* (1940) et poursuivie par *Le Journal d'Anatole Laplante* (1947), ce roman se compose des dialogues de deux personnages imaginaires et contradictoires : l'un, Anatole Laplante, anti-héros, s'interroge sur la complexité du rêve et de la réalité, sur l'incommunicabilité et sur le difficile métier d'écrivain ; l'autre, Charles Lepic, est son contraire absolu – autant Laplante est gai et typiquement français, autant Lepic est sombre, candidat à la neurasthénie et caractéristique d'une certaine classe d'Anglais. L'un et l'autre sont peu charnels et le spirituel constitue l'essentiel de leur champ d'investigation. Formule romanesque expérimentale, *Anatole Laplante* mêle affabulations, rêveries, réflexions. Roman de la clairvoyance, il exprime bien l'idéal de François Hertel à travers un personnage de moraliste résolu à « se réaliser complètement », à « vivre selon sa conscience, tendre à une plus haute forme de conscience, épurer sans cesse

---

2. Publié à Montréal, aux éditions de l'Arbre.

ce métal humain qui est né impur » et, pour ce faire, tenu de se débarrasser des oripeaux de son ancienne vie. Si aucun des deux personnages n'est tout à fait l'auteur, on peut parler d'autobiographie romancée car chacun incarne un aspect de sa personnalité complexe qui se dérobait volontairement aux regards.

La liberté étant pour l'iconoclaste Hertel la condition essentielle du créateur, il se livre dans ses romans à une fantaisie érudite, jugée par certains tour à tour comme du dilettantisme ou du cabotinage. On lui a souvent reproché l'aspect « fourre-tout » de ses textes, leur absence de plan, leurs défauts de composition, mais l'ensemble est racheté par un style nerveux, à « la précision toute lapidaire », comme il l'affirmait lui-même. La diversité des tons au sein d'un même ouvrage est frappante : la pudeur, le goût du mystère et l'art de brouiller les pistes sont autant d'éléments constitutifs d'une écriture où la légèreté, l'humour, les jeux d'esprit cachent les tourments de l'écrivain fasciné par un idéal d'éternelle jeunesse d'esprit. Philosophe avant tout, François Hertel privilégie le paradoxe. Il affectionne la méditation et le dialogue, et la nature de son esprit l'apparente aux moralistes davantage qu'aux romanciers. Mais si chez lui les questions essentielles sont bien celles de la morale et de la philosophie, dans un effort permanent de lucidité sans complaisance, la distanciation comique leur donne un ton de légèreté et de moquerie.

Plutôt malmené par la critique littéraire, François Hertel n'a pas manqué de l'épingler en retour par l'intermédiaire de son personnage Anatole Laplante : « des messieurs corrects qui n'ont pas beaucoup de talent et qui se penchent sur nous avec une grimace de dépit et un nez tellement en quête d'odeurs moins pures qu'ils finissent toujours par nous trouver mauvaise haleine à un moment ou à l'autre ».

Yves Thériault (1915-1983)

Contes pour un homme seul, paru à Montréal aux éditions de l'Arbre en 1944, inaugure une œuvre considérable, atypique et très variée composée essentiellement de contes et de romans mais aussi de théâtre et de littérature pour la jeunesse.

Autodidacte, Yves Thériault entend s'inscrire dans la lignée des conteurs

traditionnels mais en privilégiant des personnages de marginaux et notamment les représentants des minorités, tels l'Esquimau et l'Indien. Dans
Agaguk (1958), considéré comme son œuvre maîtresse, ou *Ashini* (1960), les
traditions des Inuits, pour le premier roman, et des Montagnais, pour le
second, sont en butte aux lois érigées par le monde des Blancs. La confronta-
tion d'univers irréconciliables, dotés de valeurs diamétralement opposées,
constitue généralement l'ossature de ses romans où les affrontements et les
passions élémentaires s'expriment dans un décor à la sauvage beauté.

Avec *Aaron* (1954), Yves Thériault a aussi donné le premier roman publié
au Québec présentant la vie des juifs orthodoxes de Montréal.

6. 1938-1948 : UN VIRAGE

Les années 1938-1945 marquent une étape capitale : celle de l'émergence des
quatre « classiques » canadiens-français, Ringuet, Germaine Guèvremont,
Gabrielle Roy et Roger Lemelin, qui vont opérer la révolution du réalisme, de
l'observation et de la fidélité au présent. Le roman ne se donne plus pour
mission d'exalter les vertus d'une terre célébrée à l'envi mais s'approprie
l'espace urbain et se met à l'unisson des réalités sociales. Cette transition est
en outre marquée par le caractère international de ces œuvres qui, publiées en
France et traduites en plusieurs langues, font sortir la littérature canadienne-
française de ses frontières.

6.1 La fin du mythe de la terre

Après de longues années durant lesquelles le roman s'est cantonné à une mise
en valeur de la terre et des vertus morales qui lui ont été associées, une volonté
de démystification est à l'œuvre dans les derniers romans d'inspiration rurale
écrits en rupture avec l'idéologie qui avait fait naître ce genre au XIXe siècle.

Ringuet (1895-1960)

Le docteur Philippe Panneton signe, sous le nom de Ringuet, un roman publié
à Paris en 1938, *Trente Arpents*, qui fait de la terre un être à part entière. On
ne parle plus d'elle, c'est elle qui se manifeste à travers ceux qu'elle met en

scène et subordonne. Maîtresse du roman, elle est présente, charnelle, posses-sive, indomptable, exigeante. Loin de promouvoir un idéal, Ringuet désacra-lise et dénude un milieu paysan assujetti par le travail, étroitement dépendant du cycle des saisons. Le roman s'achève sur un échec : le vieux paysan Euchariste Moisan abandonne sa terre pour la captivité citadine et l'hiver de sa vie ne sera qu'une longue et douloureuse quête du passé, d'un temps révolu dont il ne peut que rêver, un temps aboli dont il est un des derniers représentants. Ce personnage laisse présager les bouleversements qui ébranle-ront la communauté paysanne et la société canadienne-française tout entière.

Germaine Guèvremont (1893-1968)

Quelques années après Ringuet, Germaine Guèvremont se retourne pour jeter un dernier regard nostalgique sur une réalité qui n'est plus. Avec son trip-tyque *En pleine terre*, *Le Survenant* et *Marie Didace*[3], elle tente de fixer dans la mémoire collective l'image d'un Canada français révolu. Ses romans faits de mesure et de sérénité sont écrits dans une langue qui a trouvé l'équilibre entre le français académique et le langage terrien.

La fresque de Germaine Guèvremont s'étend sur plusieurs années et exploite le thème de la filiation paysanne à travers trois générations d'habi-tants. Un seul personnage, le Survenant – dont le nom indique bien la nature du rôle qui lui est dévolu –, suffit à bouleverser cet univers. L'incursion d'un étranger – surgi on ne sait d'où et qui disparaît après avoir ouvert de nouveaux horizons aux paysans – engendre une lutte entre le stable et l'instable, le fermé et l'ouvert. L'ordre des choses est rompu et cette rupture, prémice d'autres bouleversements, s'accompagne d'une analyse fouillée de « l'étranger ». Le personnage du Survenant appartient à cette tradition qui a développé le thème du voyage, de l'exil ou du départ à travers toute l'histoire littéraire du Canada français et se poursuit aujourd'hui, bien que traitée différemment. L'univers de Germaine Guèvremont se suffit à lui-même, il constitue une sorte de paren-thèse dans l'histoire d'un genre qu'en même temps il parachève.

---

3. *En pleine terre*, Montréal, éd Paysana, 1942 ; *Le Survenant*, Montréal, éd. Beauche-min, 1945 ; *Marie Didace*, Montréal, éd. Beauchemin, 1947.

6.2 L'entrée de la ville sur la scène romanesque

Dès 1945, date de parution du *Survenant*, la vie paysanne devient un phénomène minoritaire et en perpétuelle récession. Le pays s'installe dans un processus d'urbanisation (63 % de la population vit en milieu urbain en 1941) en même temps qu'il s'implique sur la scène internationale avec la guerre de 1939-1945. Cette entrée dans la modernité s'accompagne d'une profonde restructuration. La crise des années trente puis la seconde guerre mondiale ont fait éclater les modèles et le système de référence. L'ouverture au monde, par le biais de l'urbanisation, de l'industrialisation et de la guerre, ne pouvait s'effectuer sans déchirements. Brutales, perturbantes, ces ruptures engendrent tout d'abord la peur et le refus. La non-acceptation de la ville est un trait marquant de ce temps de recul. L'espace urbain apparaît comme périlleux puisque toutes les valeurs y sont remises en question. Cependant Montréal s'impose peu à peu au roman et en devient un protagoniste vivant.

Le roman fait irruption dans la réalité aussi brutalement que la société fait sauter ses verrous. Le Canadien français se dépouille de ses vieux oripeaux et part à la recherche de son nouveau visage. Désormais la question d'une existence nationale se double désormais de celle d'une reconnaissance internationale.

Gabrielle Roy (1909-1983)

Lorsque la fresque sociale en milieu urbain est inaugurée par Gabrielle Roy en 1945 avec *Bonheur d'occasion*[4] (prix Fémina 1947), il semble que ses personnages expérimentent avec un siècle de recul l'avertissement lancé par les premiers romanciers de la terre : la perte de la terre entraînera la perte de l'homme, et l'exil en ville sera synonyme de déchéance. Ils paraissent tous obsédés par la recherche d'un paradis perdu ou à venir qu'ils ne savent souvent pas formuler. Cette première génération de paysans urbanisés vit dans une société industrielle mais conserve les empreintes d'une mentalité paroissiale. Le quartier Saint-Henri, quartier populaire de Montréal où se déroule le roman de Gabrielle Roy, est une survivance du village au sein de la cité. C'est un lieu clos, un ghetto où des valeurs nouvelles viennent se super-

---

4. *Bonheur d'occasion*, Montréal, Société des éditions Pascal, 1945.

poser aux anciennes : argent, conquête, luttes…, et qui ɛ
Les personnages de *Bonheur d'occasion*, tranfuges étrange
nement et à eux-mêmes, découvrent la solitude et se réfugiei
rares sont ceux qui échappent à la fascination de l'inconnu, à ι appɛı uu ιυιιι
tain. Autour d'eux, Gabrielle Roy bâtit une fresque sociale unique. Elle ne
cherche pas à transformer le réel mais en fait l'armature de son livre. Son
analyse de l'homme et de son milieu élargit le champ romanesque à la
description minutieuse de l'environnement, du quotidien et de la vie intérieure. Pour le personnage, c'est l'entrée dans la salle des miroirs, la phase
d'auto-observation.

Si *Bonheur d'occasion* est un roman social, Gabrielle Roy ne fait pas
œuvre de sociologue, elle ne procède à aucune description systématique mais
suggère une atmosphère générale et, par touches, pose son regard sur la principale réalité du milieu qu'elle dépeint : l'enfermement. Par leur vérité, leur
épaisseur psychologique, les personnages débordent leurs déterminations
sociales et possèdent une consistance propre.

Bonheur d'occasion contient également une interrogation sur la guerre et
ses répercussions dans un milieu défavorisé. La guerre devient ici – paradoxe
terrible – un outil de salut permettant à des hommes démunis d'accéder à des
conditions de vie décentes.

Si la forme romanesque de *Bonheur d'occasion* est datée et le style classique sans audace, la matière, elle, est d'une étonnante richesse. L'observation y est approfondie par une bouleversante intuition de la misère humaine.
Mis à part *Maria Chapdelaine*, aucun roman canadien-français de l'époque
n'aura connu une audience aussi vaste. Or le premier est l'œuvre d'un Français et le second d'une Manitobaine. Sans doute leur qualité d'étrangers a-t-
elle conféré à ces auteurs une plus grande liberté de regard et d'analyse sur
une société sclérosée. L'un et l'autre ont été à l'origine de tournants décisifs
dans l'histoire de la littérature canadienne-française.

Roger Lemelin (1919-1992)

Avec *Les Plouffe* (1949)[5], son deuxième roman après *Au pied de la pente
douce* (1944), Roger Lemelin signe un immense succès populaire – même si

---

5. *Les Plouffe*, Québec, Belisle, 1948, réédité à Paris chez Flammarion en 1949.

le texte doit une bonne part de son audience à une adaptation pour la télévision[6]. Le récit de la vie quotienne de la famille Plouffe s'organise comme une juxtaposition de tableaux de mœurs plutôt que comme une histoire à proprement parler, d'où la facilité d'un découpage pour une adaptation en feuilleton et la place laissée à la création d'excroissances par rapport au récit initial.

Les Plouffe est un roman familial dont le personnage principal est en fait un groupe davantage qu'un individu, puisque tous les membres de la famille ne trouvent véritablement leur place que rassemblés dans la cuisine de la maison où se déroule l'essentiel des scènes. Bien que le récit ne s'organise pas autour d'une intrigue dominante, un personnage, extérieur à la cellule familiale, Denis Boucher, joue le rôle de révélateur et assure la continuité entre les petits drames qui bouleversent la cuisine des Plouffe. Cet espace limité s'entrouvre en effet à l'occasion d'incursions du monde extérieur, physiques ou symboliques. Or c'est Denis Boucher qui déclenche les remous venant perturber le calme plat soigneusement entretenu par la mère de famille.

La figure emblématique de cet univers limité est en effet celle de la mère. Pivot de la famille, gardienne des valeurs ancestrales, villageoises et cléricales, alliée du curé, elle est omniprésente. Mère couveuse, arbitre de tous les litiges, Mme Plouffe domine ses enfants et son mari en les cloîtrant. Dans ce monde matriarcal contrôlé par l'Église, le père n'a d'autres issues que l'alcool ou les chimères. Quant aux enfants, ils ont toutes les peines à quitter le nid protecteur de la cuisine maternelle.

Le roman a pour cadre le quartier ouvrier de Saint-Sauveur dans la basse-ville de Québec. Transplantés près des usines, les habitants ont toutefois conservé des habitudes et une culture issues du monde rural. Ce monde grouillant, divisé par ses querelles de clocher et les affaires politiques locales, est profondément bouleversé par la seconde guerre mondiale. Les éléments de base ainsi présentés rappellent étrangement le roman de Gabrielle Roy, *Bonheur d'occasion*. Mais, à la différence de Gabrielle Roy qui portait un regard d'empathie sur ses personnages, Roger Lemelin, observateur aigu et

---

6. Il a également été porté à l'écran par le réalisateur Gilles Carle en 1981.

audacieux, n'hésite pas à forcer le trait, à dénuder ses personnages jusqu'à en faire des types et à créer un effet comique en les ridiculisant. Son regard est sans complaisance. Par l'ironie et une satire non dépourvue de cruauté, il accentue les pesanteurs d'un milieu aux horizons étroits, figé dans un conformisme étouffant ; il souligne la pauvreté sous toutes ses formes, accuse la fausse dévotion et dépeint un univers fermé par des barrières linguistiques, religieuses, économiques et politiques. Les personnages de Lemelin vivent l'humiliation de la pauvreté et rêvent d'évasion, mais restent coincés par l'étroitesse de leurs préjugés.

Roger Lemelin a su saisir avec justesse les traits d'un univers en train de disparaître, à ce moment capital où l'histoire rattrape une société qui se croyait immuable et la jette dans le tourbillon du monde.

6.3 *Refus global*

Avec les quatre « classiques » du tournant des années 1940, l'expression et la sensibilité littéraire ont déjà opéré un virage important. Le personnage s'est individualisé, le doute a fait son entrée dans le roman et la prise en compte de la réalité avec sa cohorte de bouleversements (crise, urbanisation, guerre, chômage, solitude...) a insufflé aux textes une tension dramatique inédite. Mais il reste que, sur le plan formel, l'expression demeure très traditionnelle et, dans le ton, le parti n'a pas encore été pris de dénoncer les inhibitions d'une société paralysée.

C'est dans le domaine des arts plastiques que vont s'amorcer la révolution formelle en même temps que la théorisation de la modernité entre 1945 et 1960 sous l'influence d'un mouvement d'inspiration surréaliste. Pour les écrivains québécois comme pour ceux d'Afrique noire ou des Antilles, l'âge de la parole a d'ailleurs souvent coïncidé avec la découverte du surréalisme qui leur apparaissait comme un moyen d'abolir tous les ordres établis. Au Québec, le peintre Alfred Pellan est l'un des déclencheurs de cette révolution artistique. Il signe en 1948 un manifeste intitulé *Prisme d'yeux*. Mais c'est un autre manifeste, *Refus global*, qui marque l'année 1948. Il dénonce sur un ton radicalement nouveau l'obscurantisme de la société canadienne-française. Signé par les membres du groupe des Automatistes, dont les peintres Fernand

'aul Riopelle et le poète Claude Gauvreau, *Refus global* est
rédigé par le peintre Paul-Émile Borduas.

signe le refus de ce que le sociologue Marcel Rioux a défini
comme « l'idéologie de la conservation », refus de ce « petit peuple serré de
près aux soutanes restées les seules dépositaires de la foi, du savoir, de la
vérité et de la richesse nationale », de cette emprise du clergé omniprésent
dans la société canadienne-française depuis des siècles : « Au diable le
goupillon et la tuque ! Mille fois ils extorquèrent ce qu'ils donnaient jadis. »
Mais aussi refus d'une mise à l'écart de la scène internationale et appel au
voyage, « exceptionnelle occasion d'un réveil ».

Outre la dénonciation véhémente du rôle hégémonique joué par l'Église
catholique dans la définition du rôle de la création, une dimension politique
est conférée à l'expression artistique qui contribue à l'avènement d'une
subjectivité nouvelle où l'individu se défait des repères institutionnels pour
exprimer ses valeurs personnelles. Il s'agit pour *Refus global* de mettre un
terme au « règne de la peur multiforme ». En refusant de se taire, *Refus global*
veut « faire place à la magie ! Place aux mystères objectifs ! Place à l'amour !
Place aux nécessités ! »

7. LE THÉÂTRE

Certes, l'existence de l'écriture théâtrale ne date pas des années 1930 ou
1940, mais force est de constater la très faible quantité d'œuvres qui jalonnent
l'histoire littéraire du Canada français et les premiers noms d'auteurs drama-
tiques spontanément évoqués n'appartiennent qu'au XXe siècle.

Le premier d'entre eux est sans doute Gratien Gélinas, créateur de héros si
populaires qu'il est souvent identifié avec eux. Fridolin (créé à la radio en
1937 avant d'apparaître sur scène en 1938) et surtout Ti-Coq (1948) sont les
créatures très populaires de ce « père » du théâtre. Autour de Ti-coq, orphelin,
anti-héros prolétaire dont l'espoir d'une vie meilleure est écrasé par la fatalité,
se crée un phénomène d'identification : l'orphelin, c'est le Canadien français
lui-même. *Ti-Coq* lui propose l'image d'un homme voué à l'échec, d'une
société incapable d'élans libérateurs ; les spectateurs qui ont applaudi la pièce
ne s'y sont pas trompés, ils y ont reconnu leur image. Ainsi, Gratien Gélinas

ouvre la voie d'un théâtre authentiquement canadien-français qui puise ses situations, ses personnages et sa sensibilité dans la réalité nationale et dans la culture populaire.

C'est en 1951 qu'est fondé le théâtre du Nouveau Monde, première compagnie de théâtre purement laïque et, la même année, Marcel Dubé fait jouer sa première pièce, *Le Bal triste*, sur la scène de L'Ermitage à Montréal. Mais ses chefs-d'œuvre, empreints d'une poésie profondément humaine, restent *Zone* (1953), où la magie et les sortilèges de l'enfance nourrissent le rêve d'un monde plus beau, et *Un simple soldat* (1958) qui pose le problème de la réadaptation d'un soldat à la vie civile. Pour Marcel Dubé, l'un des dramaturges les plus prolifiques du Québec, au théâtre « l'important c'est d'arriver à émouvoir », ce dont témoignent ses premières pièces, tragédies des milieux populaires dont les personnages, pathétiques et émouvants de vérité, s'expriment avec des mots et des images bien à eux. Marcel Dubé a effectué un intéressant travail d'adaptation de la langue et est parvenu, sans le dénaturer, à rendre accessible le langage parlé des Canadiens français.

C'est d'ailleurs autour de la question linguistique, que le théâtre, mais aussi le roman et la poésie vont bientôt articuler les interrogations fondamentales et déterminantes de l'identité et de la survie. Les écrivains de la première moitié du XXe siècle ont fait l'expérience d'une prise de parole dans un environnement sclérosé, dans un pays muré dans le silence par le choc de la conquête et nourri du sentiment d'humiliation qui s'en était suivi. De cette expérience les écrivains de la génération suivante seront les continuateurs.

5

LES IDENTIFICATIONS (1950-1960)

Les écrivains qui commencent à prendre la plume dans les années 1950 et 1960 – nombre d'entre eux continuent d'écrire aujourd'hui – expérimentent la mise en forme des sentiments là où l'émotion et les passions n'avaient pas l'habitude de s'exprimer. Ils cherchent, chacun dans son registre, un style, des mots qui puissent répondre à ce sentiment de manque souvent à l'origine de la création, et qui au Canada français s'exprime avec une douloureuse acuité, en résonance avec le thème émergent, et bientôt dominant, d'une aliénation – collective et individuelle – dont il faut se libérer.

Dans l'expression romanesque, poétique ou théâtrale, ces auteurs sont souvent la proie du vide et font l'expérience du vertige.

1. LES ANNÉES 1950

Les premiers romans réalistes ont exercé une fonction critique souterraine et annoncé le courant littéraire des années 1950 marqué par l'interrogation explicite et l'introspection. En un siècle, l'expérimentation romanesque a franchi toutes les barrières et bouleversé le paysage littéraire, qui est passé des convictions absolues affichées dans le roman de la terre à l'interrogation et au doute, du sacré au profane, du repli à l'ouverture, de la projection dans le passé à l'examen du présent. Les thèmes de la solitude, du désir de s'affirmer et de s'exprimer, de la difficile insertion dans le monde apparaissent comme autant de formes d'accusation.

1.1 Le roman de la détresse

Dans les années 1950, le personnage romanesque s'individualise mais il atteint également l'extrême limite de la détresse et du dénuement moral comme dans *Évadé de la nuit* ou *Poussière sur la ville* d'André Langevin. La société canadienne-française, confrontée à des apports extérieurs qui la remettent en cause, connaît une période de désaffection religieuse, une crise morale et identitaire qui éclatent au grand jour dans la littérature.

André Langevin

Premier volet d'une trilogie complétée par *Poussière sur la ville* en 1953 et le *Temps des hommes* en 1956, *Évadé de la nuit* est publié à Montréal au Cercle du livre de France en 1951. Ce premier roman met en place tous les thèmes d'une œuvre nourrie d'une pensée originale : le sentiment d'indignité né de l'absence réelle ou symbolique de père, la vaine tentative de réhabilitation de l'image paternelle, la recherche d'un sens qui se dérobe sans cesse dans la quête de soi, le recours à l'évasion. Pour l'essentiel, chez Langevin (né en 1927), les éléments se répondent d'un roman à l'autre, l'image centrale du rejet y apparaissant comme un mythe personnel à l'auteur.

Évadé de la nuit, qui met en scène le premier d'une série de héros-orphelins, décrit un mécanisme fatal où les exclus demeurent à jamais des exclus et éventuellement se mettent à leur tour à pratiquer l'exclusion. Le personnage de Jean Cherteffe, héros fortement individualisé, est un bâtard qui cristallise toutes les formes de solitude, de la plus désespérée : celle d'orphelin, à la plus amère : celle de la défaite. En dépit de sa révolte, Jean Cherteffe ne peut échapper à son destin. Tous les personnages sont la réplique les uns des autres, des miroirs effrayants, et le mouvement concentrique de l'action leur interdit de s'en évader autrement que par la violence. Les quatre personnages masculins du roman sont quatre pères caractérisés par l'abandon au sens actif et passif du terme. Ils abandonnent autant qu'ils sont abandonnés. Cette lignée terrible de pères morts, tyranniques ou irresponsables tisse une chaîne de la naissance à la mort qui relie le néant au néant. Quant aux femmes, elles meurent en couches. Victimes de leurs péchés, meurtries dans leur chair, elles sont prisonnières d'un corps qui ne les délivre que dans la mort. Jean Cherteffe, personnage camusien, sait son effort inutile comme celui de Sisyphe. Ici la lucidité, loin d'être secourable, est un obstacle insurmontable à la recherche de communion et rend insupportable une existence où la révolte est condamnée à l'inefficacité.

Avec *Poussière sur la ville*[1], en 1953, André Langevin donne le plus dramatique, le plus sobre et le plus élaboré des romans de sa trilogie, qui sera adapté au cinéma par le réalisateur Arthur Lamothe en 1965. La technique narrative est inspirée de *L'Étranger* d'Albert Camus. Narrateur et personnage central à la fois, le docteur Alain Dubois est un faux narrateur qui ne s'adresse à personne, ne parle ni n'écrit à qui que ce soit. La première personne apparaît comme un artifice grâce auquel l'auteur fait connaître les événements du seul point de vue du personnage principal. Ce récit au présent dont le « je » est titulaire formel de la narration fait éclater le carcan du réalisme traditionnel. Hanté par les problèmes de la souffrance et de la mort, le docteur Alain Dubois est le narrateur conscient et humilié de l'échec du couple qu'il forme avec sa femme Madeleine dans une ville minière hostile. Le texte s'élabore en une série de cercles concentriques, et l'enfermement est d'abord le fait de la ville, unique espace du drame, univers étouffant au-dessus duquel flotte la poussière des mines. Cette ville devient un huis-clos du regard, celui de Dubois et celui de ses concitoyens qui jugent et condamnent son incompréhensible tolérance à l'égard de la conduite adultère de sa femme. C'est cette surabondance thématique du regard, notamment, qui a permis de parler d'influence sartrienne, en réalité beaucoup moins importante chez Langevin – dont tous les romans sont imprégnés d'un fatalisme étranger aux positions de Sartre – que celle de Camus. Aucune détermination chez le personnage d'Alain Dubois, dérisoire marionnette vouée au malheur. La banalité quotidienne de l'existence qui écrase les personnages renvoie aux interrogations sur le sens de la condition humaine. L'histoire de *Poussière sur la ville* est traversée de la quête d'un bonheur qui n'a jamais existé et démontre qu'aucune liberté n'est possible, car, en dépit d'une représentation laïque du monde, Dieu est bien présent. Mais il s'agit d'un dieu cruel, accusé des maux du monde, et avec lequel Alain Dubois entame un duel : « Dieu et moi, nous ne sommes pas quittes encore. Et peut-être avons-nous les mêmes armes : l'amour et la pitié ».

Alain Dubois apparaît comme un nouveau type de héros littéraire : intellectuel, urbain, bourgeois et introspectif, il est à la recherche de normes et de

---

1. *Poussière sur la ville*, Montréal, Le Cercle du livre de France.

valeurs nouvelles dans un monde où les modèles ancien
désarroi, qui plonge dans les abîmes d'une solitude et d'un
prend une forme particulièrement aiguë.

1.2 Les mouvements de contestation. *Cité libre*

De cette insertion du personnage romanesque dans la réalité urbaine – première étape littéraire d'une ouverture au monde – à la critique ouverte et aux courants de contestation, le pas est rapidement franchi, favorisé par des mouvements sociaux auxquels les intellectuels prennent une part active.

Parmi les différents courants de pensée qui traversent une société en pleine restructuration, le libéralisme trouve un lieu d'expression privilégié dans la revue *Cité libre*. Fondée en 1950 par Pierre Elliott Trudeau – qui sera premier ministre du Canada de 1968 à 1979, puis de 1980 à 1984 – et Gérard Pelletier, *Cité libre* émane des piquets de grève pendant le conflit de l'amiante à Asbestos en 1949. Elle appuie le mouvement syndical dans ses revendications et défend l'option d'un pays ouvert au monde, loin du repli et de l'autoritarisme incarnés par le gouvernement Duplessis. Son option humaniste met la liberté individuelle au premier plan des valeurs et et s'élève contre l'emprise intellectuelle du clergé, préconisant la laïcisation de la société. Revue essentiellement philosophique et politique, *Cité libre* a peu touché au champ littéraire pour lequel elle prône une conception purement esthétique de l'écriture.

1.3 Le groupe de l'Hexagone

Du groupe de l'Hexagone on pourrait dire qu'il a inauguré et promu un âge de la parole. Né en 1953 à l'initiative de six amis (Gaston Miron, Olivier Marchand, Gilles Carles, Louis Portugais, Mathilde Ganzini et Jean-Claude Rinfret), d'où son nom, il se veut d'abord lieu de création et d'édition poétique. La maison d'édition qui y est attachée se propose de « porter simplement à l'attention du public ce qui est dans la tête et le cœur de nos vies ». Mais le groupe de l'Hexagone est aussi un lieu de débats idéologiques qui participe aux remous de la société de l'époque. C'est enfin un lieu de rassemblement, où l'on apprend à considérer la poésie non pas comme un

ʾeau langage académique mais comme une expérience de création qui plonge dans la vie quotidienne et y trouve sa raison d'être. Le premier recueil, *Deux sangs*, de Olivier Marchand et Gaston Miron, est vendu par souscription, comme toute poésie publiée à l'époque à compte d'auteur. La volonté de l'Hexagone de mettre la poésie canadienne-française à l'heure des grands mouvements universels – avec des thématiques essentiellement orientées vers la renaissance, le monde vierge, l'amitié, l'arrachement à la solitude et la lucidité – va progressivement évoluer vers l'affirmation d'un thème de plus en plus central : celui du pays qui s'exprimera pleinement dans la revue *Parti pris* dans les années 60.

Gaston Miron (1928-1996)

Principal animateur du groupe de l'Hexagone, porte-parole d'une génération, agitateur et poète, Gaston Miron est essentiellement un homme de l'oralité, un ardent défenseur de la langue française. De sa voix de rire et de colère, il a nommé un pays, son pays, sa « terre amère [sa] terre amande ». Avec lui et à travers lui se sont exprimés tous les grands débats de la société québécoise de la seconde moitié du xxe siècle.

La dénonciation de l'aliénation linguistique, de l'humiliation du colonisé, cet homme « agonique » qui n'a pas les mots pour dire qui il est, traverse sa poésie comme de fulgurantes blessures. Ses premiers poèmes traduisent parfaitement l'esprit des années 1950. Dès 1955, il pénètre, avec le cycle « La vie agonique », « en étrange pays dans mon pays lui-même » (Aragon), engageant toute une réflexion sur la condition d'écrivain colonisé.

> « Homme aux labours des brûlés de l'exil
> selon ton amour aux mains pleines de rudes conquêtes
> selon ton regard arc-en-ciel arc-bouté dans les vents
> en vue de villes et d'une terre qui te soient natales
>
> Je n'ai jamais voyagé
> vers autre pays que toi mon pays
>
> un jour j'aurai dit oui à ma naissance
> j'aurai du froment dans les yeux

je m'avancerai sur ton sol, ému, ébloui
par la pureté de bête que soulève la neige

un homme reviendra
d'en dehors du monde »

« Pour mon rapatriement », *L'Homme rapaillé*, © éd. Typo, 1998, p. 87.

Miron évoque incessamment le drame de la langue, de cette langue volée aux Canadiens français qui vivent l'acculturation la plus cruelle qui soit. Sa poésie, qui se définit comme une « anthropologie », est l'illustration d'un être collectif, une voix qui en appelle à l'émergence d'un pays, une insurrection du langage contre le sentiment de dépossession. À ce pays réduit au roc fondamental et au froid, à ce gris ou brun, couleur de l'homme dépossédé, il confère dans « Les siècles de l'hiver » une saisissante beauté :

> « Le gris, l'agacé, le brun, le farouche
> tu craques dans la beauté fantôme du froid
> dans les marées de bouleaux, les confréries
> d'épinettes, de sapins et autres compères
> parmi les rocs occultes et parmi l'hostilité
>
> pays chauve d'ancêtres, pays
> tu déferles sur des milles de patience à bout
> en une campagne affolée de désolement
> en des villes où ta maigreur calcine ton visage
> nous nos amours vidées de leurs meubles
> nous comme empesés d'humiliation et de mort
>
> et tu ne peux rien dans l'abondance captive
> et tu frissonnes à petit feu dans notre dos »

Ibid., p. 88.

Gaston Miron a longtemps refusé de publier ses poèmes. Son silence volontaire et théorisé se voulait une forme de protestation absolue contre la colonisation linguistique et intellectuelle de son pays et traduisait la priorité absolue accordée à l'engagement politique et à la construction de l'indépendance du Québec. De son inquiétude fondamentale face à la précarité d'une identité collective découle une écriture rare. Miron demeure l'auteur d'un seul recueil, *L'Homme rapaillé*[2], qui réunit l'essentiel de ses textes et dont la première édition date de 1970. Organisé en plusieurs cycles et plusieurs fois remanié au fil des rééditions, ce recueil ne vise pas l'achèvement mais apparaît comme une parole en mouvement.

Les nombreuses lectures publiques qu'il en donnait – exercice qu'il pratiqua toute sa vie comme une technique de réécriture – étaient pour lui l'occasion de revoir continuellement ses poèmes. Dans sa quête permanente du mot juste, Gaston Miron a poussé très loin ce processus d'expérimentation qui a aussi assuré le rayonnement de ce recueil et en a fait un livre culte.

L'Homme rapaillé exprime avec force l'impossibilité de vivre et d'exister sans la dignité qui permet à un homme d'affirmer son identité. L'amour même en est atteint qui s'exprime toujours dans la poésie de Gaston Miron sous forme d'une quête, d'un horizon qui reste à atteindre et vers lequel l'homme est en marche. Ses plus beaux poèmes d'amour sont d'ailleurs rassemblés dans un cycle intitulé « La marche à l'amour ».

La poésie de Miron est un acte de réconciliation avec une terre qu'il aime avec passion et qui l'habite jusqu'à l'identification.

> « Il est triste et pêle-mêle dans les étoiles tombées
> livide, muet, nulle part et effaré, vaste fantôme
> il est ce pays seul avec lui-même et neiges et rocs
> un pays que jamais ne rejoint le soleil natal
> en lui beau corps s'enfouit un sommeil désaltérant
> pareil à l'eau dans la soif vacante des graviers […] »

> « Héritage de la tristesse », *ibid.*, p. 85.

La révolte se fait nécessairement militante et le poète « refuse un salut personnel et transfuge », il se donne alors pour mission de témoigner pour son peuple, l'exhortant à refuser toute servitude et à emprunter les chemins de la liberté.

> « Nous te ferons, Terre de Québec
> lit des résurrections
> et des mille fulgurances de nos métamorphoses

---

2. « L'homme rassemblé ».

de nos levains où lève le futur
de nos volontés sans concessions
les hommes entendront battre ton pouls dans l'histoire
c'est nous ondulant dans l'automne d'octobre
c'est le bruit roux de chevreuils dans la lumière
l'avenir dégagé
                l'avenir engagé »

                                       « L'octobre », *ibid.*, pp. 103-104.

Gaston Miron ne voit d'autre issue que l'affirmation d'un « être-au-monde » pour faire exister ce pays qu'il aime passionnément. Si elle se veut militante et insurrectionnelle sa poésie n'en est pas moins charnelle, amoureuse et ne perd jamais de vue la quête de Miron, qui est de « rapailler » les morceaux épars de son peuple.

1.4 De l'ancien au nouveau

À la fin des années 1950, les thèmes essentiels de la future Révolution tranquille des années 1960 sont déjà en gestation, à l'exception du thème nationaliste. Une évolution encore souterraine prépare un raz de marée culturel et intellectuel qui va sembler tout balayer sur son passage. La liberté, l'indépendance, l'identité à conquérir sont les drapeaux qui flottent sur un Canada français en passe de devenir le Québec. Toutes les analyses convergent pour accorder à ces années tous les signes d'une Renaissance. Une ère nouvelle s'ouvre qui rompt avec le passé, les peurs ancestrales, l'inertie intellectuelle, le sentiment d'échec collectif et qui inaugure l'affrontement avec le réel.

Mais, alors que tout indique une volonté d'ouvrir une ère nouvelle, de rompre avec les valeurs anciennes, d'enterrer le passé, certaines œuvres témoignent de ce que les ruptures s'inscrivent toujours dans un tissu ancien qu'il faut continuer à défaire, au nombre desquelles les *Contes* et *Le Ciel de Québec* de Jacques Ferron. Les rapports entre l'ancien et le moderne sont plus complexes qu'il y paraît et ne sauraient être réduits à l'image réductrice d'une simple succession de l'un à l'autre. Ces textes charnières renouent à travers leurs personnages avec la tradition, assurent la pérennité de certains thèmes et prennent en compte les questions d'héritage et de transmission.

Jacques Ferron (1921-1985)

Passeur de cultures et de lectures, Ferron a réinventé l'épopée, le texte de fondation et a donné une œuvre majeure, une œuvre-carrefour de la littérature québécoise qui remet en question cette apparente volte-face de la société et des esprits des années 1960, ou du moins permet de l'inscrire dans une mémoire, de constater que pour commencer il faut revenir. Jacques Ferron oblige à reconsidérer cette soudaine métamorphose et à interroger cette étonnante unanimité à entériner le rejet du passé. Quoique très contemporaine, son œuvre renoue de façon profonde avec la tradition et un certain classicisme.

Avec Jacques Ferron, le pays se forge des frontières et une âme, élabore une parole nouvelle. La recherche d'une identité, étymologiquement la recherche du « même », devient avec lui la quête d'une mémoire permettant de retrouver des figures d'identification. Dans ses écrits, cette quête se traduit par un long voyage dans le temps et dans l'espace du pays qui forme le cheminement profond de l'œuvre et permet un éclairage du présent en même temps que la redécouverte d'une face cachée de la réalité. La recherche du passé consiste à rétablir des filiations oubliées, à renouer avec ce qui compose la spécificité du peuple, à réhabiliter les noms, le folklore, les légendes, à donner sens et cohérence à l'éparpillement de la réalité et de ses significations, à évoquer la familiarité d'un environnement géographique porteur de sens et témoin d'une histoire.

Cette entreprise, qui relève autant de l'enquête que de la création, s'avère des plus fascinantes puisqu'elle conduit à la définition d'un peuple, d'une culture, d'un pays. Elle suppose une durée, une prise en compte de l'histoire et des petites histoires ; rares sont les œuvres comme celle de Ferron dont la lecture permet d'accéder à la connaissance intime des singularités d'une âme collective. Elle s'installe dans une modernité qui abolit la chronologie, pour réunir dans le même espace du texte tous les temps ; en débordant les balises chronologiques, elle renoue avec le temps originel, celui du mythe.

Le Ciel de Québec[3] est un des livres les plus ambitieux produit au Québec dans la seconde moitié de ce siècle. Texte d'un érudit qui use sans modération de l'humour, il offre un éclairage documenté autant que fantaisiste sur les

---

3. Publié à Montréal en 1969 aux éditions du Jour.

dessous de la vie politique, culturelle et religieuse du Canada français des années 1937-1939. Une des constantes de l'œuvre de Jacques Ferron réside dans la recherche d'un pays authentique, enraciné dans sa propre histoire et apte à combattre ce qu'il nomme le « pays incertain ». Dans *Le Ciel de Québec*, profondément nourri d'Histoire mais dépourvu d'une histoire ordonnée, un présent permanent rassemble tous les temps au mépris de la chronologie.

Si l'appellation de roman est habituellement retenue pour le désigner, le texte relève pourtant davantage de la chronique à la fois savante et fantasque. Il prend l'allure d'une épopée où se côtoient religieux, écrivains, peintres et hommes politiques canadiens-français, mais aussi d'un récit mythologique, d'une odyssée québécoise : « Je crois qu'ils [les Québécois] forment un peuple jeune qui se cherche une mythologie. S'ils pensent à me mettre dans leur procession [...] c'est parce qu'ils se demandent si je ne serais pas une pièce de musée, un personnage de l'Odyssée, un Priam, un vieux truc un peu fabuleux qu'ils n'auraient pas encore dans leur Olympe québecquois. S'il est une place au monde où je peux rêver d'une carrière de demi-dieu c'est icitte », confesse l'un des personnages.

Le Ciel de Québec est un texte à clefs, fondé sur une série de références culturelles et historiques, qui présente tous les traits d'un labyrinthe. La construction du texte interdit un récit linéaire, il s'agit moins d'une histoire que d'une série de tableaux dont la continuité est assurée par les personnages. L'auteur se plaît à brouiller les pistes et le texte autorise plusieurs niveaux de lecture, l'un d'entre eux pouvant consister à identifier chacun des personnages au regard de modèles supposés empruntés à l'histoire ou à la mythologie. Les deux cent onze personnages ou figurants – qui par un chassé-croisé d'entrées et de sorties sur la scène de la chronique font souvent penser à des acteurs – sont des masques, mi-réels, mi-fictifs. Chacun d'entre eux représente une collectivité constitutive du pays québécois.

Héritier des conteurs québécois, féru d'histoire et amoureux de son pays, Jacques Ferron transmet son héritage en recourant à l'humour et à la fantaisie. La recherche de l'ancien se nourrit ici de la veine populaire et, au premier chef, du village. L'âme du pays se situe pour l'auteur « côté village », repère premier pour combattre l'incertitude. Dans *Le Ciel de Québec* se côtoient les « bons » et les « mauvais » villages : « Le bon lieu se définit par opposition au mauvais. La proximité de celui-ci permet à qui dispose de l'avantage de vivre dans le bon de venir y commettre ses inévitables péchés. Dans ce système à proprement parler manichéen […] le bon lieu n'est jamais souillé et le mauvais prend sur lui les péchés des deux ». Autant qu'une opposition, cette séparation de la réalité en principes antagonistes implique tout un réseau d'échanges.

Si Jacques Ferron réhabilite le village, à contre-courant des tendances de son époque, il se livre de même à la réhabilitation du personnage du prêtre qu'il soumet également à la règle de la division. Mgr Camille et Mgr Cyrille, deux personnages pivots de la chronique, incarnent les deux versants d'une pyramide au sommet de laquelle trône le cardinal. Ce dernier, en homme avisé, sait se servir de l'opposition de pensée et de tempérament entre les deux prélats : « Était-il dans l'embarras d'une question qu'il les mandait et il était certain d'en savoir le pour et le contre ». Mgr Camille, incarnant une religion heureuse, appartient à la « lignée humaniste des prélats québécois ». C'est un être de chair, palpable, humain, inséré dans le monde et sensible à ses plaisirs, qui se nourrit de l'observation et de la participation à l'univers. Il appartient au « bon côté des choses » qui constitue le versant positif de l'univers de Jacques Ferron. Mgr Cyrille incarne par contre une religion torturée et tortueuse, dans laquelle l'Enfer occupe davantage de place que le Ciel. Exorciste avant tout, Mgr Cyrille est un personnage douloureux, sombre, hanté par le péché au point qu'il ne sait plus reconnaître le bien. Il appartient sans aucun doute au « mauvais côté des choses ».

Au même titre que Jacques Ferron pratique une langue classique à l'époque où nombre d'auteurs québécois tentent de promouvoir le joual (argot franglais de Montréal) comme nouvelle langue d'affirmation d'une identité nationale, il aime à fréquenter des personnages et des lieux bientôt bannis du paysage littéraire québécois par la Révolution tranquille. Il ne faut voir là ni nostalgie stérile, ni position rebelle aux transformations, ni refuge sécurisant face aux mutations de la vie, mais une recherche de références fondamentales dans un pays qui, selon lui, en manque cruellement pour avoir trop rapidement balayé un passé jugé étouffant.

Le Ciel de Québec, joyeuse fantasmagorie à la verve mordante, constitue une pièce de choix dans l'édifice bâti par Jacques Ferron pour fixer une connaissance, une identité québécoises.

1.5 Écrire pour vivre

Dans les années 1950, l'écriture apparaît à de nombreux auteurs comme une voie de survie permettant de transgresser les lois d'une réalité sociale où l'individu trouve difficilement sa place, comme un acte salvateur d'affirmation personnelle. La lutte entre rêve et réalité, entre ombre et lumière prend tout son sens chez certains, comme Anne Hébert qui la porte à son paroxysme dans un long parcours pour dompter les démons. Anne Hébert appartient à cette famille d'écrivains pour lesquels écrire c'est apprendre à vivre avec soi-même. Elle est tout entière dans son écriture.

Anne Hébert

De toutes les femmes écrivains du Québec, Anne Hébert (née en 1916) est probablement la plus connue en France et à travers le monde. La renommée universelle d'une œuvre de très grande qualité, portée par une langue épurée, exigeante, la situe parmi les « grands » auteurs de cette seconde moitié de siècle.

Le poète Saint-Denys Garneau, cousin d'Anne Hébert, a dressé dans son *Journal* un portrait de la jeune fille : « Anne, venue cette après-midi. Sa façon de marcher et quelques gestes ont évoqué pour moi une étrange élégance un peu rigide, un peu mécanique, avec une miette de préciosité ; le tout empreint de gaucherie enfantine. Une chaleur pourtant là-dessous. Alliage vraiment étrange, surprenant et tel, j'y songe, qu'aurait probablement goûté Baudelaire. » Ces quelques lignes définissent la démarche et le rythme de la poésie d'Anne Hébert. Toute son œuvre qui évolue avec finesse dans les régions du cœur est empreinte de grâce discrète et simple, d'un mystère intérieur soigneusement protégé et d'une grande pudeur. Tout ici est grâce, marche à pas comptés.

Le Tombeau des rois, son deuxième recueil de poèmes, est publié à Québec, à l'Institut littéraire du Québec, en 1953. « Éveil au seuil d'une fontaine », premier poème du recueil, dit le matin, la clarté du jour naissant, la vie qui commence, embellie par « l'eau vierge du matin ». Tout est à faire. Tout est commencement :

> « La nuit a tout effacé mes anciennes traces.
> Sur l'eau égale
> S'étend
> La surface plane
> Pure à perte de vue
> D'une eau inconnue […] »
>
> *Œuvre poétique 1950-1990*, éd. Boréal, 1992.

C'est la naissance d'un élan nouveau qui élargit l'adhésion au monde de l'enfance dans le geste de la tendresse et de l'offrande. Mais la rupture de l'accord entre le poète et le monde apparaît bientôt clairement. Avec « Petit désespoir », s'exprime le rejet explicite, sur le thème de la nostalgie, des sources de l'enchantement :

> « La rivière a pris les îles que j'aimais
> Les clefs du silence sont perdues
> La rose trémière n'a pas tant d'odeur qu'on croyait
> L'eau autant de secrets qu'elle le chante
> Mon cœur est rompu
> L'instant ne le porte plus. »
>
> « Petit désespoir », *ibid.*

Le choc de la douleur et de la solitude révèle la vanité des apparences. La mort commence à faire son œuvre dans la douleur après avoir emporté l'enfance : « Une petite morte s'est couchée en travers de la porte ». Le recueil dit la difficulté d'être, la rencontre avec la mort, avec les morts représentés comme des rois :

> « J'ai mon cœur au poing
> Comme un faucon aveugle
> Le taciturne oiseau pris à mes doigts
> Lampe gonflée de vin et de sang
> Je descends
> Vers le tombeau des rois
> Étonnée
> À peine née […] »
>
> « Le tombeau des rois », *ibid.*

Ramenée à l'essentiel, creusée « dans l'os par la pointe d'un poignard », dira le critique Pierre Emmanuel, la langue d'Anne Hébert refuse les artifices et demande un renoncement égal à son exigence. Le verbe austère et sec ne s'accompagne d'aucune image flamboyante, d'aucune arabesque sonore, d'aucun lyrisme, d'aucune tricherie. L'esthétique n'est que fidélité à saisir l'essentiel d'une expérience située aux limites de la sensibilité. Cette expérience, c'est celle de la dépossession, du silence, de la solitude. Expérience extrême, profondément douloureuse, mais dans laquelle le poète ne s'abandonne pas à son angoisse. Loin de là, l'œuvre affronte les vérités qui font loi : la solitude et la mort. Cette poésie qui se mesure, au péril de l'absence n'est pas une poésie du vague-à-l'âme. Elle exerce sa rigueur au contact des plus communes exigences de la vie.

Si les poèmes d'Anne Hébert parlent de fontaines, d'oiseaux, d'arbres, de villages, les images évoquées par ces mots sont privées de coloration individuelle. Le particulier n'existe pas. Sa poésie, comme l'ensemble de la poésie produite alors au Canada français, ne nomme et ne possède que le plus général, ce qui commence tout juste d'exister. Une poésie qui naît en même temps qu'un monde : « Notre pays est à l'âge des premiers jours du monde. La vie ici est à découvrir et à nommer », écrivait Anne Hébert en 1958 dans *Poésie, solitude rompue.*

Kamouraska[4], prix des Libraires de France en 1971, adapté pour le cinéma par Anne Hébert et le réalisateur Claude Jutra en 1973, est sans doute le roman le plus célèbre d'Anne Hébert. La violence, la passion, le refus des conventions, la dénonciation des fausses apparences, l'ambiance étouffante de la vie provinciale, la mort désirée, la difficulté d'être et de se trouver, les corps retenus et cachés, plus un romantisme échevelé sont autant de thèmes présents dans le roman et dans toute l'œuvre d'Anne Hébert. Dans la ville de Québec, Élisabeth d'Aulnières, femme respectable et sage mère de onze enfants, revit la passion amoureuse qui déchira sa jeunesse tandis qu'elle veille son mari, Jérôme Rolland, épousé en secondes noces pour sauver l'honneur, et qui va mourir. C'est grâce à l'amalgame du sommeil et de la mémoire qu'Élisabeth, victime d'une « dangereuse propension au sommeil », quitte presque tout au long du texte le présent romanesque, c'est-à-dire le moment où elle est Mme Rolland veillant son mari, pour s'échapper vers le

---

4. Publié à Paris en 1970, aux éditions du Seuil.

passé. Dans un état de demi-sommeil où la mémoire renoue admirablement avec la chronologie des événements, elle se livre au monde des souvenirs entrecoupés de cauchemars. Les morts, les vivants, les sorcières, les fantômes hantent l'inconscient de Mme Rolland et leurs univers se confondent pour renverser les frontières du réel. Élisabeth, Diane chasseresse, diablesse, sorcière, incarne la séduction et l'ivresse sensuelle intarissables. Ni l'éloignement ni les conventions sociales de son milieu n'ont entravé cette vitalité bouillonnante. Élisabeth, c'est la faim dévorante, celle qui ne peut se rassasier qu'en semant la mort, la femme fatale, l'ogresse, la goule.

L'exploitation des pouvoirs occultes, le climat de sauvage innocence mêlée de magie rendent ici inutilisables les concepts traditionnels de la psychologie. C'est toute la dimension fantastique de *Kamouraska*. L'insistant brouillard qui flotte autour du récit, les poussières de souvenirs qui s'agglutinent brouillent les pistes d'une identité floue. Le personnage dont il est question, est-ce Élisabeth d'Aulnières ou Mme Rolland ou encore Mme Tassy ? Et qui est cette femme noire, à la dernière page du roman, sans nom, sans visage, torturée par la « faim de vivre » que l'on a « déterrée, sous les pierres » ? Est-ce vraiment Élisabeth, réduite à sa plus simple expression, à son essence, à sa pure identité ? Parce que l'identité est impossible, le labyrinthe ne peut s'achever et l'ambivalence persiste jusqu'au bout.

Une des images persistantes de *Kamouraska* est celle d'un cheval noir qui tire son traîneau sur la neige du grand nord. Le cheval de la mort. Le contraste des couleurs esquisse une dialectique du noir et du blanc étendue à l'opposition du jour et de la nuit, de la chute et de la montée. L'image de l'homme en noir dans un traîneau noir tiré par un cheval noir sur l'immense étendue blanche de neige harcèle Élisabeth qui suit en rêve l'étrange équipage. Noir sur blanc, c'est la complicité du mal et du bien, la projection du conflit qui habite les personnages.

« Kamouraska » est aussi un vieux nom algonquin qui signifie « jonc au bord de l'eau ». Une eau partout présente dans le roman sous forme de pluies, d'orages, de tempêtes qui liquéfient le paysage, les êtres et les choses. Cette abondance d'eau annonce un monde en décomposition à l'image de l'« âme moisie » d'Élisabeth. Des eaux qui déferlent au sang qui coule, il y a le passage par le noir. Le sang des règles, de la première nuit d'amour, des accouchements et surtout le sang du meurtre sont autant de hantises pour Élisabeth. Obsédante également, la rêverie de la neige qui domine ce roman défini par Anne Hébert comme une « histoire de neige et de fureur ». L'hiver, le froid et la neige ont raison de tout. La neige qui illumine, éblouit, brûle tel un feu mystérieux c'est, en germe, dans un monde apparemment ordonné, tous les désordres, toutes les fureurs, toutes les secrètes violences, toutes les révoltes et tous les vertiges qui habitent les personnages, Georges et Élisabeth au premier chef, êtres hantés par des forces contraires, êtres écartelés, incapables de réconcilier les appels du bien et du mal.

Pour dire ce monde de magie, de fureur et de froid, pour correspondre à la confusion apparente de la recréation onirique, la prose d'Anne Hébert, rythmée, syncopée, saccadée, possède une véritable force incantatoire.

Bien qu'Anne Hébert ait vécu quarante ans à Paris, elle n'a jamais rompu les liens qui la rattachent à son pays, toute son œuvre en témoigne, qui est habitée par le Québec (qu'elle appelle son « arrière-pays ») et particulièrement par la ville de Québec où la romancière a ses racines profondes, celles de l'enfance. Mais la distance entretenue avec son pays natal lui est nécessaire pour en parler. D'ailleurs des *Chambres de bois*, son premier roman en 1958, au *Premier jardin* en 1988, en passant par *Les Fous de Bassan* (prix Fémina 1982), elle n'a cessé de raviver son lointain pays par la mémoire. En 1997, Anne Hébert est retournée vivre au Québec. Peut-on y voir l'amorce d'un nouveau cycle dans son œuvre qui ouvrirait l'espace romanesque non plus à Québec mais à Paris ? C'est ce que semble indiquer son dernier livre, un récit intitulé *Est-ce que je te dérange* ?

2. LA FIN DE LA GRANDE NOIRCEUR

Avec la mort de Maurice Duplessis en 1959, s'achève le règne de l'autoritarisme, du repli du pays sur des valeurs nationalistes. Cette date charnière ouvre l'ère de la Révolution tranquille. À la période de la « grande noirceur » succède *L'Âge de la parole*, titre d'un recueil de poèmes de Roland Giguère en 1965.

Sous l'appellation de Révolution tranquille, on désigne un ensemble de réformes (sociales, politiques ou économiques) accompagnées et nourries de mouvements d'idées et d'évolution des mœurs qui font entrer le pays dans une ère nouvelle. Pendant les années 1960, la littérature canadienne-française devient littérature québécoise, elle bénéficie d'un réveil de la conscience nationale lancée à la recherche de son identité et accède à sa pleine reconnaissance. On assiste alors simultanément à une décléricalisation des appareils de l'État – la société se déconfessionnalise –, à la montée en puissance du mouvement syndicaliste, à la libéralisation des structures socioculturelles et à une remise en question des fonctions d'autorité. Autant de paramètres qui signent la mort du Canada français et donnent jour au Québec. C'est la découverte de la « québécitude ». Cet élan s'inscrit dans une mouvance internationale : mouvements de décolonisation, entrée dans l'ère de la consommation, développement de la télévision et de l'informatique, premiers signes d'éclatement de la famille traditionnelle, débuts de la révolution sexuelle...

Mais, dans le domaine littéraire, le Québec vit une situation extrêmement singulière en ce sens que la littérature apparaît comme le lieu par excellence d'affirmation d'un projet d'existence collective. Son rôle est fondamental et rarement une société aura porté à ce point ses écrivains, leur conférant cette mission de porte-parole, de porte-plume d'une redéfinition collective. L'écrivain des années 1960 est au cœur d'un projet de société en train de s'écrire.

Dès 1965, pourtant, le constat d'essoufflement s'impose. Les aspirations demeurent plus grandes que les réalisations. La crise linguistique occupe le devant de la scène et la victoire de l'Union nationale (ancien parti de Duplessis) en 1966 ouvre l'ère de la Révolution nationale qui succède à la Révolution tranquille. En 1967, René Levesque quitte le parti libéral et fonde le mouvement Souveraineté-association. C'est cette même année que le général de Gaulle en visite au Québec lance le fameux : « Vive le Québec libre ! » Quatre mots dont la résonance sera décisive et qui ont accéléré une évolution en marche.

2.1 *Liberté*

Fondée en 1959 par le poète Jean-Guy Pilon, la revue *Liberté* poursuit aujourd'hui le travail entrepris depuis bientôt quarante ans sur le terrain de la culture et de la littérature.

Indépendantiste et engagée dans le combat pour la langue, par exemple, elle prend cependant ses distances par rapport à l'actualité immédiate et son action demeure essentiellement littéraire. Animée et produite pour l'essentiel par des écrivains, *Liberté* situe la création littéraire au cœur de sa lecture du monde. Quels qu'en soient les thèmes, très variés, chaque numéro apporte sa contribution à une réflexion indépendante sur la société québécoise, l'histoire et la littérature et ouvre le dialogue avec d'autres littératures du monde entier.

2.2 La poésie dépositaire de la mémoire

De toutes les formes d'expression littéraire, la poésie est sans conteste privilégiée au Québec, sans doute parce que la plus liée à l'oralité, à la parole dont le Québec a fait un de ses attributs spécifiques.

La poésie est un fil tendu à travers le temps qui rassemble des fragments de mémoire, un appel au souvenir comme celui adressé par Jacques Brault à ses amis : « [...] souvenez-vous / Quand vous serez revenus à la patrie du sommeil [...] / Souvenez-vous mes amis souvenez-vous de ceux / qui demeurent et de leur exil », dans un recueil intitulé précisément *Mémoire*[5].

Jacques Brault

L'œuvre de Jacques Brault, né en 1933, rassemble des essais, des textes narratifs et surtout de la poésie. Membre du comité de rédaction de la revue *Liberté* dans les années 1970, il a également, comme les poètes Gaston Miron et Paul Chamberland, fait partie de l'équipe de rédaction de *Parti pris* et, comme eux, il a contribué à la nomination d'un pays « où les eaux de la

---

5. *Mémoire*, *La Poésie ce matin* et *L'En dessous l'admirable*, les trois premiers recueils de Jacques Brault ont été réunis en un volume, *Poèmes I*, publié aux éditions du Noroît en 1986.

tendresse tournent vite en glace », un pays « de pâleur suspecte pays de rage rentrée pays/bourré d'ouate et de silence pays de faces tordues / et tendues sur des mains osseuses comme une peau / d'éventail délicate et morte pays hérissé d'arêtes / et de lois coupantes […] ». Dans cette « Suite fraternelle », Jacques Brault fait revivre dans l'indignation, la colère et les larmes, un frère mort au loin, auquel il offre une description grinçante de ce pays « de mort anonyme » et de torpeur « qui s'ennuie du peau-rouge illimité ». Il y dénonce les lâchetés, les conforts silencieux, les absences de conscience de ce pays et de ses habitants, « les seuls nègres aux belles certitudes blanches » qui ne savent pas se souvenir.

Son œuvre intimiste prend sa source dans le vivier de l'enfance d'où il ressort une angoisse aiguë face au sort de l'homme. *La Poésie ce matin* (1971) exprime une désespérance qui concerne aussi bien l'être collectif que l'identité individuelle. Mais il y a chez Jacques Brault une fraternité, une sensibilité, une recherche de vérité qui lui permettent d'atteindre « l'admirable », cette « saveur de chaque instant contre l'en-dessous, l'horreur du temps nous tue ».

3. QUELLE LANGUE ÉCRIRE ?

Si la réflexion sur l'utilisation de la langue parlée et écrite au Québec s'est formalisée dans les années 1960, elle est en réalité depuis les origines au cœur des préoccupations des auteurs, qui se sont demandé quelle devait être leur langue. Octave Crémazie, déjà, soulignait en 1867 : « Ce qui manque au Canada, c'est d'avoir une langue à lui. » Le mythe d'une langue « à soi » plane sur l'ensemble de la production littéraire et revient régulièrement sur le devant de la scène.

Les écrivains québécois, comme les auteurs francophones de manière générale, sont en raison de leur situation de proximité avec d'autres langues, contraints de penser leur langue, de théoriser la nature du lien qui les relie à cet instrument de travail, d'où cette surconscience linguistique identifiée comme une caractéristique des auteurs francophones.

3.1 *Parti pris*

Cette question s'est cristallisée autour d'une revue – bientôt prolongée par des éditions du même nom : *Parti pris*. Fondée en octobre 1963, elle devient le lieu de ralliement des jeunes intellectuels qui se fixent pour objectif l'étude de la révolution à opérer pour parvenir à « la formation d'un État du Québec, État libre, socialiste et laïque ». Cette révolution, sur le plan littéraire, passe par une totale remise en question de la pensée et de la littérature tradition-nelles. De fait, par le ton, par les thèmes et surtout par la langue, des auteurs comme Laurent Girouard, Gérald Godin ou Renaud Camus opèrent une rupture radicale.

Influencée par l'existentialisme de Jean-Paul Sartre, d'orientation socia-liste, laïque et indépendantiste, la revue *Parti pris* est également nourrie des réflexions nées des indépendances à travers le monde. Les théories de l'alié-nation et de la décolonisation développées chez Franz Fanon ou Albert Memmi s'épanouissent sur ce terrain favorable à leur expression. Un « déses-poir agonique » (Gaston Miron) s'exprime dans un refus catégorique du présent :

> « Le présent m'est une brûlure, un coup de fouet ; les hommes, les choses, l'espace et le temps me bousculent ; je suis traqué […] Écrire : ciseler ? L'Œuvre, le Livre… Quel alibi ! Quelle dérision ! Dans un monde (ici même, c'est le seul) où l'on défigure, déracine, détruit chaque jour un homme, un peuple ? Dans ce misérable patelin de cocus et d'enragés ? Oui, je désespère de toute architecture, de toute organisation de tout *ouvrage*… »

écrit le poète Paul Chamberland dans « Dire ce que je suis » publié dans le numéro de janvier 1965.

Dépossédée, aliénée dans un univers dénudé, la génération de *Parti pris* n'a d'autre recours pour exprimer son humiliation que la fureur, la violence afin de détruire ce que Laurent Girouard désigne dans *La Ville inhumaine* (1964) par la métaphore du robot :

> « J'avais quelqu'un à tuer pour vivre demain. Je vivais en un état primitif, en marche vers la conscience. Puis les robots ont fait front. Non… ils étaient là de tout temps, bien avant le néant. Je les distinguais à l'horizon dans leur marche

de poussière. C'était mon pays en assaut vers moi, enfant nouveau dans ce monde de ferraille... »

Ces nouveaux enfants, bâtisseurs d'un nouveau pays, ont une arme : la langue. Et c'est dans ce domaine qu'ils manifestent l'audace la plus grande, prenant le parti le plus risqué : celui du joual, se vouant aux gémonies des puristes et condamnant leurs œuvres à une audience très limitée.

3.2 Le joual

Langage du peuple, langue anglicisée, abâtardie, parler dévalorisé des franco-phones immergés dans un environnement anglophone, parfait miroir d'une humiliation et d'un renoncement collectif, le joual (déformation de « cheval ») fut revendiqué dès les années 1960 par certains écrivains qui voyaient dans son usage la seule voie d'affirmation d'une identité québécoise. « Cette langue était en positif le décalque de notre originalité en terre d'Amérique, et en négatif le reflet de notre situation de colonisé », disait Gérald Godin en 1968 dans la revue *Liberté*.

La justification des auteurs qui ont fait le choix du joual est davantage celle de la nécessité et de l'urgence que celle de l'attirance ou de la promotion d'une nouvelle esthétique. L'usage du joual est pour eux un usage terroriste du langage. Nulle complaisance dans cet emploi d'une langue bâtarde, mais plutôt le reflet d'une dépossession à briser. L'espoir premier étant qu'il suffit de décrire une situation pour la faire évoluer. Leurs œuvres, et notamment *Le Cassé* de Renaud Camus, roman publié en 1964, ont eu un réel retentissement et ont signalé l'existence d'une nouvelle génération d'écrivains en révolte et en quête d'une libération.

Les débats agités, houleux, qui secouent la société québécoise des années 1950 et 1960 lui confèrent un visage, un contour. C'est désormais une société distincte, singulière, avec ses conflits, ses lignes de force mais ses fragilités aussi. Une société menacée, comme sa langue, et qui se tient sur le qui-vive, essayant de garder l'équilibre sur la « ligne du risque » (titre de Pierre Vadeboncœur).

DE LA RÉVOLUTION TRANQUILLE AUX ÉCRITURES MIGRANTES (1960-1996)

« Voici qu'un peuple apprend à se mettre debout », écrivait le poète Jacques Brault en 1965. « Nous avons une histoire et une langue : nous sommes désormais un peuple » : telle pourrait être la phrase-slogan qui viendrait résumer ces années 1960 turbulentes et riches de créations. Dans le domaine littéraire, mais aussi dans la chanson (avec Robert Charlebois notamment), et encore dans le cinéma ou à travers de nouvelles formes de spectacles (ainsi les « Poèmes et chants de la Résistance » avec le fameux texte *Speak white* de Michèle Lalonde[1] qui clame « Nous sommes un peuple inculte et bègue/mais ne sommes pas sourds au génie d'une langue »), le Québec exprime une vitalité, un désir d'être au monde et de s'y faire entendre.

Mais la quantité de réformes et d'évolutions est telle qu'un sentiment de confusion s'installe bientôt. À force de repousser les frontières des « possibles », à force de créations qui voient le jour sous le sceau d'influences portées par des mouvements venus de Paris mais aussi de Californie ou d'Orient, une vaste mosaïque d'une extraordinaire richesse se dessine ; et cette richesse potentielle pose bientôt le problème du choix.

1. LES ANNÉES 1965-1968

Années fastes pour le roman et le théâtre que cette deuxième moitié de la décennie 1960 puisque des auteurs tels que Marie-Claire Blais, Hubert Aquin, Rejean Ducharme et Michel Tremblay affirment, chacun dans son registre, leur talent avec les parutions successives en 1965 de *Une saison dans la vie d'Emmanuel* et de *Prochain épisode*, puis en 1966 de *L'Avalée des avalés* et, en 1968, la création des *Belles sœurs*. Autant de textes qui connaissent un

---

1. Montréal, L'Hexagone, 1974.

énorme retentissement et constituent, chacun à leur manière, des événements dans l'histoire littéraire du Québec.

Marie-Claire Blais

L'univers romanesque de Marie-Claire Blais (née en 1939) est celui des déshérités : petits paysans pauvres, drogués, enfants des quartiers populaires, artistes ratés... La misère morale ou physique, la souffrance constituent la toile de fond de ce monde où des êtres asociaux – par leur génie ou leur folie – évoluent dans un univers hostile et dans lequel vivre est pour eux un acte monstrueux.

Remarquée par le critique américain Edmund Wilson dès la parution de son premier roman *La Belle Bête*[2] qu'elle publie à vingt ans, l'œuvre de Marie-Claire Blais est d'emblée reconnue aux États-Unis où elle a vécu – successivement à Cape Cod et en Floride – autant qu'au Québec ou en France.

Elle fait une entrée fracassante sur la scène littéraire. Dès ce premier texte, monstrueuse histoire de haine et de mort, son œuvre s'installe dans le vertige pur, où rien ne vient rompre l'enchantement pervers suscité par la fascination de la chute. Les personnages habitent le lieu abstrait du rêve où ne s'exerce qu'une attraction : celle du plus radical vertige intérieur. Rien ne les distrait du cauchemar auquel ils sont livrés et ils n'ont d'autre choix que de courir jusqu'au bout de leur destin, enchaînés par de purs désirs qui portent le signe de la chute.

Ces personnages sont des « créatures d'épouvante [...] qui vont s'enfler et devenir des monstres ». Patrice d'abord, la « belle bête », qui incarne le « lourd assoupissement de l'intelligence, la léthargie des cerveaux qui ne vivent pas ». Amoureux de sa beauté qu'il guette dans tous les miroirs, il est un Narcisse sans intelligence au cœur troublé par des pulsions de haine. Isabelle-Marie ensuite, sa sœur laide, figure de l'exclusion et de la souffrance vive animée d'une monstrueuse jalousie. Mal aimée, persécutée par une laideur obsédante, elle vit son rapport conflictuel à sa mère comme un calvaire. Louise enfin, « la belle de corps éphémère », la mère possessive et exclusive, inconsciente et injuste, qui fournit à son fils « l'âme qui lui

---

2. Publié à Montréal, à l'Institut littéraire du Québec en 1959 puis chez Flammarion en 1960.

manquait » et projette en lui sa propre beauté. Mère castratrice et aveugle, elle est l'archétype de la « mauvaise mère ». Patrice, héros du roman, est le jouet de ces puissances destructrices qui l'entourent : celles de sa mère et de sa sœur ; puissances destructrices par entraînement fatal puisque seul le mal existe ici, non le péché. Mais lui seul survit parce qu'en lui l'inconscience est pure, totale. Si la « belle bête » tombe, elle aussi, c'est, à la fin du roman, pour retrouver enfin son âme. Les mythes se déploient en un jeu de symboles complexe. Patrice-Narcisse traque son image dans tous les miroirs symboliques de la recherche de soi, dans les plans d'eau stagnante de l'enfermement en soi. Quant à Patrice-Œdipe, il recherche toute sa vie le bonheur total d'être blotti contre l'épaule de sa mère.

Cet univers sans issue où se clament les amours insatisfaites, les souffrances, les haines, les révoltes, les destructions dresse une litanie de malheurs et de manques à la vie qui serait proprement désespérante si la nécessité même qui la dicte ne laissait entendre, en même temps, un profond désir de présence au monde. L'écriture, qui procède par touches, est aérée, froide, ponctuée d'émotions et de fulgurantes images poétiques.

Plutôt qu'une intrigue, *Une Saison dans la vie d'Emmanuel*[3], prix Médicis 1966, livre des tranches de vie d'une famille nombreuse et misérable qui n'est pas située dans le temps ni dans l'espace. Plusieurs points de vue gouvernent le récit : celui de la grand-mère Antoinette, celui de Jean le Maigre, celui d'Emmanuel (le seizième enfant) pour former cette parabole familiale où chacun des membres de la tribu vient à son tour sur le devant de la scène réciter et commenter l'événement. Grand-mère Antoinette domine l'ensemble du roman. Principal sujet de l'énoncé, c'est elle qui a dispensé la vie à l'origine de cette famille, c'est elle qui accorde la nourriture, le nom de baptême, la sécurité et les sanctions. Elle semble là depuis l'éternité, inaltérable. Mais elle échoue à maintenir la cohérence familiale autour d'elle. Abritant sous ses jupes une nichée d'enfants, elle figure à la fois la mère paysanne et la Sainte Mère des litanies. Elle fédère, rassemble, intègre les valeurs et fait respecter les rites. Figure valorisée d'une sorte de matriarcat rural, elle représente les traditions, la pérennité, elle incarne la nostalgie d'une structure familiale

---

3. Publié à Montréal, aux éditions du Jour, en 1965 et à Paris chez Grasset en 1966.

unitaire au moment où le Québec connaît l'éclatement de la famille tradition-nelle et la rupture des liens à la terre. Jean le Maigre, lui, est en quelque sorte le héros, à la fois triomphateur et malheureux qui meurt, victime du combat pour la lucidité, mais laissant derrière lui la victoire de son texte. Si grand-mère Antoinette possède le « faire », Jean le Maigre possède le « dire », il dispense la poésie. *Une saison dans la vie d'Emmanuel* périme l'image paren-tale : la mère, « toujours épuisée et sans regard », est absente, fantomatique ; quant au père, borné et indifférent, il « chasse ses enfants dès qu'ils ne se nourrissent pas tout seuls comme des hommes ».

Cette saison dans la vie d'un jeune enfant est une saison aux enfers car à la rudesse du climat et des mœurs se mêle la perversité enfantine de Jean le Maigre et de son frère le Septième. *Une saison dans la vie d'Emmanuel* balaie – s'il en était besoin – l'image d'Épinal de l'innocence enfantine. Mais peut-être Jean le Maigre et le Septième, insouciants complices du diable, familiers du sexe, du feu et de la mort ne sont-ils pas de vrais enfants…

Ce roman mêle en permanence pratique religieuse et sensualité. Aux discours et aux rites du catéchisme s'opposent les désirs dictés par la nature ; or la sensualité submerge la vertu : c'est Héloïse qui passe ingénument du couvent au bordel, ce sont les enfants masturbateurs, les notaires salaces, les pères violeurs relégués dans la nuit et le silence par un clergé qui lutte inutile-ment contre les démons. Le mal domine et règne.

En dépit de la cohorte d'enfants, de l'abondante neige, de la terre qui colle aux pieds, de l'écrasante misère, de la tuberculose, des suicides, des couvents et des bordels, des prières, de l'ignorance et des morts en série, *Une saison dans la vie d'Emmanuel* échappe au naturalisme. Marie-Claire Blais prend le parti de la poésie pour dire ce monde du vertige et de la noirceur. Son regard sombre est d'une douloureuse et âpre lucidité. Une conviction traverse cepen-dant le roman : l'écriture assure le salut et représente la seule réponse à la maladie et à la mort. Le texte est dominé par l'affirmation d'une éternité de l'œuvre, d'une faculté humaine à appréhender une forme de beauté et d'absolu quelle que soit l'horreur de la condition physique. Marie-Claire Blais fait entendre depuis bientôt quarante ans une voix tout à fait originale, à mi-chemin entre la description impersonnelle, à distance du monde, et l'analyse de « soi à soi ». Son style entraîne dans l'intimité d'une pensée, dans le plaisir purement esthétique d'une langue sensuelle. Sa phrase ois la révolte, l'angoisse et les appétits de vie. Son œuvre s'affirme ment inlassablement en faveur des « différences » quelles qu'elles soient. En 1978 avec *les Nuits de l'Underground*, puis en 1989 avec *L'Ange de la soli- ude* – hommage à Radclyffe Hall qui doit son titre à une phrase de *Querelle de Brest* de Jean Genet – Marie-Claire Blais porte un regard attentif et tendre sur le monde féminin « hors normes ». Rien dans cet univers n'attise de malsaines curiosités ou n'autorise un regard égrillard car c'est de l'âme qu'il s'agit au-delà des appétits du corps. Loin des temples du vice et de la perdi- ion, ces « femmes entre elles » cherchent des refuges où apaiser leur rejet par la société. Marie-Claire Blais partage avec Réjean Ducharme une sorte de « délinquance » dans le regard porté sur le monde, une fraîcheur de révoltée fondamentale, une soif (titre de son roman *Soifs* paru en 1995) d'absolu, de rigueur. Le mot revient d'ailleurs souvent dans son œuvre ; il s'agit des soifs de tous les temps : amour ou liberté autant que de la soif et de la faim des déshérités.

Hubert Aquin (1929-1977)

Sur Hubert Aquin et sur son œuvre, on a beaucoup écrit, beaucoup glosé au Québec. Sans doute parce que l'homme a incarné une insolente liberté qui ne se laisse pas rattraper, une marginalité qui ne se laisse réduire à aucune normalisation. Son choix de la violence politique clandestine aux côtés du FLQ (Front de Libération du Québec) qui marqua le pays par des actions terroristes en 1963 et 1964, son arrestation pour port d'armes et vol de voiture en 1964, la complexité autoproclamée d'une œuvre fragmentée, son discours de l'impénétrable ou du désordonné, son suicide en 1977 : autant d'éléments qui expliquent une certaine fascination pour une œuvre où abondent les pièges. Hubert Aquin est sans doute le plus « moderne » des écrivains de sa génération, avec un jeu permanent sur les formes – la langue notamment – et le sens.

Prochain épisode et *Trou de mémoire*, ses deux premiers romans, sont construits sur un schéma similaire. Le premier[4], donné après une carrière

---

4. Montréal, Cercle du livre de France, 1965 puis Paris en 1966 chez Robert Laffont.

d'animateur à Radio Canada et d'auteur de scénarios, est annoncé comme
« une succession imprévisible de poursuites et de feintes », comme « une
histoire qui se déroule trop vite, vertigineusement, et qui, en quelque sorte, file
à l'anglaise ». Son écriture date de 1964, alors qu'Hubert Aquin était interné à
l'Institut Albert Prévost à la suite d'une arrestation pour port d'armes. Toute la
structure de *Prochain épisode*, récit à double fond, est fondée sur un art narra-
tif qui se dérobe à un enchaînement logique. Névrosé, hanté par le suicide
(« me suicider partout et sans relâche c'est là ma mission »), révolutionnaire
du FLQ qui devient terroriste, amoureux fou d'une certaine K, le narrateur
revit son passé par le biais d'une fiction romanesque. Afin de déceler la cause
de son échec dans sa mission contre un mystérieux personnage à triple identité,
et de répondre à la question de sa propre identité, il sort de sa prostration
clinique en se projetant dans l'imaginaire.

La complexité de l'œuvre doit sans doute être retournée pour rechercher
l'ordonnance d'un discours du désordonné. C'est précisément le dérèglement
du style qui rend ce roman singulier. Le motif du récit d'espionnage n'est
qu'un prétexte à une aventure avant tout langagière et permet d'interroger le
processus de l'écriture sans cesse mis en scène dans le texte, ce que le narrateur appelle sa « noyade écrite ». L'écrivain-narrateur qui écrit pour « tromper
la tristesse » manipule plusieurs niveaux d'écriture et de personnages tout en
réfléchissant sur la production littéraire et sur lui-même : « C'est tout juste si
je n'écris pas des deux mains à la fois pour moins penser », ou : « Le chef-
d'œuvre qu'on attend n'est pas mon affaire. Je rêve plutôt d'un art totalitaire
en genèse continuelle. » Mais il se présente aussi comme manipulé par l'écriture : « Je suis ce livre d'heure en heure au jour le jour […] Je n'écris pas, je
suis écrit. » Le rôle du simulacre est évident dans ce roman entièrement théâ-
tralisé où la polyphonie des « je » créée une gigantesque machination
textuelle. La quatrième de couverture de l'édition originale l'indique : « Il
s'agit bel et bien d'un roman composé d'imaginaire et de réel, succession
imprévisible de poursuites et de feintes. » Au lecteur de débrouiller l'intrigue
d'une fiction dont la courbe événementielle est disséminée dans le texte,
entrecoupée de réflexions sur l'écriture, le suicide, l'amour, le Québec et la
révolution. La procédure de narration étagée est maintenue jusqu'à la fusion
finale des histoires.

L'enfermement y est omniprésent. Mais, en contrepoint à l'immobilité forcée de l'incarcération – clinique ou carcérale –, c'est bel et bien un roman d'action qui est en train de s'écrire. Le rythme haletant du texte, souligné par les poursuites en auto, crée une effet de fuite, de course en avant effrénée dont le personnage pourchassé ne connaît pas l'issue. À la faveur d'un des traits de caractère du personnage, le révolutionnaire, émerge le thème du pays : « Je suis le symbole fracturé de la révolution du Québec, mais aussi son reflet désordonné et son incarnation suicidaire. » Les difficultés de lecture de ce texte sont loin d'être gratuites. Elles font partie d'un système : « Nous choisissons l'éclatement, la convulsion, l'attaque », écrivait Aquin en 1961.

Avec *Trou de Mémoire* son deuxième roman, publié en 1968 et couronné par le prix du Gouverneur général du Canada refusé par l'auteur, Hubert Aquin poursuit, élargit et complète l'entreprise de conciliation, amorcée dans *Prochain Épisode*, entre les exigences de l'art et celles de l'action. Il y a tout lieu de concevoir *Trou de mémoire* comme une reprise des thèmes majeurs du premier roman. C'est d'un « tissu d'art » que parle P.X. Magnant, héros-écrivain, pour décrire la nature du texte en cours d'élaboration. Tissu complexe si l'on considère que le lecteur se trouve devant une succession de cercles concentriques où l'effet de miroir est tel que chaque récit dans ce roman reflète le contenu des autres de sorte que correspondances, symétries et dissimulations mènent le jeu. Les personnages sont en fait tous les représentants ou les doubles du romancier-révolutionnaire Hubert Aquin et le jeu de miroirs permet à un narrateur unique de produire une succession de sa propre image et ainsi d'apparaître multiple.

Ce roman ne saurait être détaché de son contexte historique et culturel. Il est avant tout un dialogue amoureux entre un auteur et un peuple en voie de libération. La privation de la possibilité d'agir qui caractérise le héros québécois P.X. Magnant est à l'image de son peuple conquis, qui ne trouve de débouché pour l'action que dans le domaine compensateur de l'imaginaire. « Faire la révolution, c'est sortir du dialogue dominé-dominateur ; à proprement parler c'est divaguer », écrivait Aquin dans un article intitulé « Profession écrivain ». C'est bien d'une divagation qu'il s'agit dans *Trou de mémoire*, d'un texte de conception baroque, en ce sens qu'il tend vers une forme changeante – qui se présente comme un désordre organisé, un équilibre instable, une oscillation dont une des définitions pourrait être celle suggérée dans le texte même : « un roman policier axé sur la pharmacomanie ».

Trou de mémoire permet de voir à l'œuvre les tensions psychologiques, les combats qui se livrent dans l'âme d'un homme aussi lucide et cultivé que passionné, hanté par la violence, et invite à lire non seulement une fiction mais aussi des fantasmes. Ce récit en spirale s'inscrit dans une œuvre où l'écriture est un double de l'auteur dont le projet est d'« écrire sans cesse (et à un niveau supérieur de qualité) jusqu'à la fin de ma vie des livres faisant état à jamais de mon aventure vitale – de mon entreprise fondamentale, de mes difficultés, de mes joies et de mes triomphes ».

Réjean Ducharme

Né en 1941, le « vitrioleur » Réjean Ducharme, selon l'expression de Maurice Nadeau, déclenche un tumulte à Paris comme à Montréal avec la parution de son premier roman, *L'Avalée des Avalés*, adressé par courrier aux éditions Gallimard (qui le publieront en 1966). L'auteur reste aujourd'hui encore une énigme qui aura fait couler beaucoup d'encre. « Je ne veux pas que ma face soit connue, je ne veux pas qu'on fasse le lien entre moi et mon roman », déclarait-il en 1967 dans le journal *La Presse*. Il s'en est tenu à sa déclaration. Nul ne sait qui est Réjean Ducharme.

Le titre, comme celui du *Nez qui voque* publié un an plus tard, est un jeu de mots qui permet d'entendre « la vallée » et d'enchaîner une série d'associations de mots. Pour faire grimacer les apparences et révéler des sens insoupçonnés cachés sous les conventions de la langue, Ducharme ne recule devant rien. Chez lui, les mots sont rois.

« Tout m'avale », dit Bérénice Einberg, neuf ans, l'héroïne, qui vit sur une île du Saint-Laurent dans une abbaye désaffectée. Elle a une mère catholique qu'elle appelle « Chat mort » et de qui elle a appris le mot « vacherie » dont elle use sans retenue, un père juif qui la traîne à la synagogue, un frère Christian, éloigné d'elle le plus souvent possible et qu'elle adore, et une amie, Constance Chlore. Bérénice impose son ego dès les premières phrases du roman, elle se jette à la tête du lecteur, l'assaille de mots, lui impose son angoisse à coups d'images, de redites, d'exclamations, le cerne de ses ormules offensives. Elle apostrophe le monde entier et la fureur de sa révolte passe dans les mots. Elle se livre à des jeux de langage « complètement diots » où le rire se mêle au désespoir tout en nourrissant sa haine de la société. Par défi elle lit des romans porno, s'empiffre le jour du sabbat, fugue avec un jeune Américain, se fait renvoyer de l'école... Si elle tente de fuir sa mère, si elle essaie de la haïr, il n'en reste pas moins qu'une même parole de révolte unit la mère et la fille. Bérénice est une voltigeuse des mots dont le discours n'est jamais jalonné par la logique mais par la force du vocabulaire.

Les personnages-enfants de Ducharme possèdent toujours une grande sensibilité au langage, s'imprègnent des mots de leur entourage, s'en créent un univers et s'y abritent. Pour Bérénice, seule la solitude est un « palais » où se protéger du monde : « Quand je ne suis pas seule, je me sens malade, en danger », et seul le langage lui permet d'échapper à son tourment. Bérénice s'est bâti un domaine avec les est mots, ses seules armes pour changer le monde. Elle a créé le « bérénicien » :

> « Je hais tellement l'adulte, le renie avec tant de colère que j'ai dû jeter les fondements d'une nouvelle langue. Je lui criais "Agneled laid !" Je lui criais "Vassiveau". La faiblesse de ces injures me confondait. Frappée de génie, devenue ectoplasme, je criais, mordant dans chaque syllabe : "Spétermatorinx étanglobe !" Une nouvelle langue était née : le bérénicien. »

En proie à l'angoisse du vide, à la peur de vivre, Bérénice Einberg, dans sa quête d'absolu, ne sait que refuser et se révolter. Dotée de la force du désespoir, elle casse tout sur son chemin, refuse « tout commerce avec le monde immonde qu'on [lui] a imposé », vit douloureusement le divorce entre ses rêves et la réalité et s'engage dans le vertigineux voyage de la négation. Elle dit « je » éperdument, pour imposer une existence menacée par l'engloutissement du moi comme l'indique la première phrase du roman : « Tout m'avale ». Intelligente, sauvage, sensible, elle a tous les traits du poète suicidaire ou criminel. Elle vit avec une telle intensité et déverse son trop-plein avec une telle fougue qu'elle donne la nausée. L'entreprise de séduction tourne au cauchemar.

Tous les romans de Réjean Ducharme sont construits sur une dualité qui se manifeste ici par l'opposition vie/mort annoncée d'entrée de jeu et qui se traduit également dans l'exploitation du redoublement dans les noms propres, les leitmotive, les expressions. Coupures, pirouettes, retours en arrière, astuces surréalistes, jeux de mot insupportables et géniaux, l'écriture de Réjean Ducharme est faite de hiatus. Une écriture qui fait de prime abord penser à une parole sans retenue, sans contrainte et crée l'illusion d'une spontanéité d'improvisation.

Écrivain véhément, angoissant, mystérieux, Réjean Ducharme a d'emblée imposé un pur face-à-face avec une œuvre qui utilise le surgissement involontaire de l'irrationnel dans la réalité. Son sixième roman, *Les Enfantômes* publié à Paris en 1976 aux éditions Gallimard, renoue avec la verve de *L'Avalée des avalés* et du *Nez qui voque*, ses deux premiers romans. C'est un livre de souvenirs, un roman sur la mémoire. Le récit est gouverné par la chronologie, l'histoire, la fugacité des souvenirs, la quête du temps perdu. Des années « carrantes » aux années « soissantes » jusqu'en 1974, terme du récit, Vincent Falardeau remonte le temps de sa passion pour Fériée, sa sœur, dont il est amoureux fou, tournant autour de son image dans un récit qui devient un monument érigé à sa mémoire. Le couple frère et sœur, Vincent et Fériée, est une réplique des autres couples de Ducharme : Bérénice et Christian, mais aussi Mille Milles et Chateaugué dans *Le Nez qui voque*. Sans être totalement interchangeables, les personnages de Ducharme ont de nombreux traits communs : ils ont l'âge de la révolte, des folies, des fugues ou du suicide, et leur identité tient essentiellement à une farouche volonté de rester au plus près de l'enfance.

Avec *Dévadé*, en 1990, Ducharme a renoué, après un long silence, avec ses personnages de « fou(s) fuyant(s) ». Drogués ou alcooliques, ceux de *Dévadé* souffrent de cette fragilité fondamentale qui les met en danger dans l'échange de regards avec autrui : « Le moindre tête-à-tête émotif peut vous refaire ou vous défaire, de fond en comble. »

L'écriture déroutante, étourdissante de Ducharme est une mise en cause perpétuelle du réel qu'elle se charge de bousculer et de questionner. Son œuvre, inscrite dans la révolte et l'ironie, met en scène un rêve de pureté et d'innocence et fait le procès de la société en général et des adultes en particulier. Mais ses personnages-enfants, s'ils sont porteurs d'une nostalgie et tentent de retrouver, loin de la ville, un espace vierge et inaltérable, interdisent, en raison de l'outrance de leurs propos et de leurs agissements, qu'on les

e et de jeu. La seule
ou retrouvée. Très
un univers vertigi-
à s'en défier.

Michel Tremblay

L'œuvre de Michel Tremblay, né en 1942, est essentiellement constituée de pièces de théâtre et de fresques romanesques qui plongent dans la vie quotidienne du quartier populaire du Plateau-Mont-Royal à l'est de Montréal et traduisent la difficulté à vivre des Québécois, la dépossession et l'incommunicabilité.

La Création des *Belles Sœurs* au Théâtre du Rideau vert, le 28 août 1968 fait l'effet d'une bombe : jamais auparavant une pièce n'avait suscité une telle polémique. Pour la première fois en effet, un auteur utilisant le parler populaire montréalais met en scène quinze femmes de la classe ouvrière, parentes ou voisines, à l'occasion d'une partie de collage de timbres-primes pour dévoiler la misère et l'aliénation de leur univers. Leur vie familiale, religieuse, sociale, « une maudite vie plate », est mise à nue avec crudité. La représentation de la vie quotidienne, sans autre intrigue que la recomposition d'un monde étroit, dans une alternance de monologues et de chœurs, ainsi que le travail sur la langue constituent la base du théâtre de Michel Tremblay. Les personnages qu'il met en scène – des femmes essentiellement – sont des locuteurs types du joual, véhiculant avec cette langue abâtardie, chargée de « sacres » (jurons), lourde de silences, toute leur misère morale. Très vite proclamé héraut de la cause du joual, Tremblay dut s'en défendre et opérer un renversement du discours pour montrer qu'en réalité son théâtre transpose la culture populaire dans les codes de la culture savante. Le procédé d'accumulation des expressions et tournures spécifiques atténue l'effet de contraste, instaure une normalisation du parler populaire québécois et parvient à créer un équilibre dans l'expression. La langue utilisée par Tremblay est à l'image de la vie : s'y mêlent différents niveaux de langue qui traduisent les rapports de domination à l'œuvre dans les échanges linguistiques.

Dans ce qu'il est courant d'appeler le « cycle des Belles Sœurs », une dizaine de pièces dont l'action se situe autour de la rue Fabre mettent en scène des personnages dont le principal choix de vie, la seule alternative consiste à quitter ou à rester dans le quartier du Plateau-Mont-Royal. Les femmes des *Belles Sœurs* ont la quarantaine ; installées dans leur condition de ménagères résignées, elles ont perdu tout espoir d'évasion, mais leurs enfants seront à leur tour saisis du rêve de quitter le quartier et de se diriger vers la « Main » (la rue principale en anglais), surnom du boulevard Saint-Laurent qui divise la ville en deux parties : l'Est, la partie française, et l'Ouest, la partie anglaise. Parmi ceux qui demeurent sur le Plateau, Marie-Lou (*À toi pour toujours ta Marie-Lou*, 1971), parmi ceux qui s'en sont évadés l'une des filles de Marie-Lou, Carmen (*Sainte Carmen de la Main*, 1976) qui devient chanteuse de *western* dans un des nombreux *clubs* qui peuplent la « Main » et finira assassinée. L'autre versant du cycle des Belles Sœurs (*La Duchesse de Langeais*, 1968, *Hosanna*, 1973) met en scène des marginaux, homosexuels et travestis, métaphore du peuple québécois qui s'est « déguisé » pendant trois cent ans « pour ressembler à un autre peuple », dira Michel Tremblay dans une entrevue en 1971[5].

Le report d'une pièce à l'autre des mêmes personnages est admirablement synthétisé dans la pièce de Tremblay probablement la plus connue et la plus aboutie : *Albertine en cinq temps*[6], où une même femme à cinq moments de sa vie (30, 40, 50, 60 et 70 ans) dissèque son existence et les événements qui en ont constitué la toile de fond.

Albertine à 40 ans

« Voyons donc ! Vous avez toutes décidé ça depuis longtemps, vous autres, que j'étais pas intelligente ! C'est pas parce que j'comprends pas les affaires de la même façon que vous autres que ça veut dire que chus pas intelligente ! Y'a pas rien qu'une sorte d'intelligence ! Vous autres... vous autres, vous êtes intelligents avec votre tête pis vous voulez pas comprendre qu'on peut l'être... J'sais pas comment te dire ça, Madeleine... C'est pas ma tête qui marche, moi, c'est... mes instincts, on dirait... Des fois, j'fais des affaires avant d'y penser, c'est vrai, mais c'est pas toujours mauvais, ça

---

5. *Nord*, n° 1, automne 1971.
6. Publiée à Montréal, Leméac, 1984.

c'pas vrai ! Depuis que chus p'tite que j'vois le monde me regarder d'un drôle d'air quans j'parle parce que j'dis tout c'que j'pense comme j'le pense… Vous portez des jugements sur tout c'que j'dis mais vous vous entendez pas, des fois ! Y'a des fois où vous devriez avoir un peu moins de tête pis un peu plus de cœur ! Pis vous m'écoutez jamais, à part de ça ! Quand j'ouvre la bouche vous prenez tu-suite un air méprisant qui m'insulte assez ! Vous êtes tellement habitués à penser que j'ai pas d'allure que vous m'écoutez même pus ! » (*Albertine en cinq temps*, éd. Leméac, 1984, p. 43).

Le théâtre de Michel Tremblay est traduit et joué à travers le monde entier.

Avec *La grosse femme d'à côté est enceinte*[7], il a ouvert le cycle romanesque des « Chroniques du Plateau Mont-Royal », sorte de comédie humaine montréalaise qui compte à ce jour six volets. Comme dans son théâtre, on y retrouve une prédilection pour la structure du monologue. Géographie familiale en même temps que topographie d'un quartier, ces chroniques charrient une tendresse évidente de l'auteur pour ces petites gens qui vivent dans la misère et la promiscuité, et notamment pour ces femmes, aux corps défaits par les maternités, emblématiques des mères québécoises dont la nombreuse progéniture permettait (jusque dans les années 1960) de parler de « grosses familles ». Derrière ces portraits d'individus déterminés par leur environnement social, Michel Tremblay s'en prend au dernier bastion de la collectivité : la structure familiale dans ce qu'elle incarne de plus sombre, de plus étouffant et de plus aliénant pour des êtres qu'elle enchaîne.

Après les « Chroniques du Plateau Mont-Royal », Michel Tremblay revient au théâtre pour ouvrir de nouveaux horizons. L'Est montréalais n'est plus aussi omniprésent : le quartier chic d'Outremont avec *L'Impromptu d'Outremont* en 1980 ou le cadre non citadin de *La Maison suspendue* en 1990 traduisent non seulement une distance vis-à-vis de lieux déjà abondamment explorés mais surtout poussent plus loin la réflexion amorcée avec les « Chroniques » sur le rôle de l'écrivain et de l'œuvre littéraire.

---

7. Montréal, Leméac et Paris, Laffont, 1978.

2. LA SPÉCIFICITÉ QUÉBÉCOISE

Dans les années 1970 on s'interroge beaucoup sur la spécificité québécoise, la question en elle-même étant déjà une spécificité québécoise.

C'est parce qu'elle est ébranlée depuis longtemps que cette question continue de travailler les écrivains, qu'elle se pose sans cesse, soit sous forme revendicative soit de façon plus passive pour déplorer une aliénation culturelle. Elle s'accompagne d'une très forte dénégation. L'identité québécoise s'affirme en exposant ce qu'elle n'est pas avant de dire – ou souvent de taire – ce qu'elle est. Et la définition se transforme parfois en slogan avec la double négation : « Ni Français, ni Américains. Spécifiquement Québécois. » Dans ce contexte, tour à tour instrument de combat, cri de révolte ou évasion vers l'ailleurs, la littérature joue le rôle de support symbolique aux mutations sociales, politiques ou économiques du pays. « La littérature a été avant tout un instrument de combat social ou politique, un refuge, une soupape de sûreté », écrit Jean-Charles Falardeau en 1974. Ce statut singulier condamne l'écrivain à un rapport d'enchaînement au thème du pays que dénonce Jacques Godbout en 1975[8] : « Tous les écrivains du Québec couchent avec la même fille qui s'appelle Nation. Mais cette fille n'a pas de maison... Le lendemain de l'indépendance nous enterrerons le Texte québécois. » Le thème du « pays » est une des veines fondamentales de la littérature québécoise, présent déjà dans des œuvres aussi importantes que celles de Jacques Ferron ou de Gaston Miron, mais la question nationale québécoise pèse d'un poids bientôt trop lourd sur le travail d'écriture et l'expression d'une individualité qui ne parvient plus à s'en affranchir ; elle est vécue de plus en plus comme un passage obligé : « Il n'y a au Québec qu'un seul écrivain : nous tous. La littérature québécoise est un texte unique », dit encore Godbout dans un article intitulé « Écrire » paru en novembre 1971 dans la revue *Liberté*. Il dit la vanité de tenter une création littéraire personnelle dans un pays à l'identité incertaine qui condamne l'écrivain à faire d'abord et avant tout œuvre collective, à participer au « texte national », à se soumettre au « service littéraire obligatoire ».

---

8. Dans *Le Réformiste*, Montréal, éditions Quinze.

3. LA CRISE D'OCTOBRE 1970

Enlèvements terroristes, exécution d'un ministre, loi des mesures de guerre déclenchées par le gouvernement d'Ottawa, arrestations arbitraires : le ton se durcit en ce début des années 1970 qui se caractérisent par un ascendant du politique et marquent la nécessité du choix. L'entrée du Québec sur la scène de la violence signale son existence au monde entier.

Il faudra cependant attendre 1976 pour que, sur le plan politique, le Parti québécois (PQ), avec à sa tête René Levesque, prenne le pouvoir, drainant avec lui tous les espoirs d'autonomie de la « Belle Province » qui pourtant n'aboutiront pas et se sont déjà, à plusieurs reprises, heurtés au refus des urnes. Pendant toutes ces années de débats houleux sur le statut du Québec, les positions de René Levesque, parues dans un manifeste, *Option Québec*[9], font contrepoids aux thèses fédéralistes de Pierre Elliott Trudeau, devenu premier ministre du Canada en 1968.

Victor-Lévy Beaulieu

Né en 1945, Victor-Lévy Beaulieu a donné, avec *Un rêve québécois*[10], un texte directement nourri des événements sociopolitiques des années 1970. Ses romans constituent une vertigineuse aventure dans l'univers de l'écriture, du voyage et de la dérive et mettent en scène la tragique quête de vie de héros successifs qui peuvent être considérés comme un seul personnage.

Dans la banlieue de Montréal-Nord (rebaptisée « Morial Nord ») – un univers sinistre peuplé de snack-bars, de supermarchés, de parkings et de tavernes – une humanité réduite à son expression la plus bestiale survit dans une violence psychologique et verbale proche du cauchemar. Joseph-David-Barthélemy Dupuis, obsédé par la mort, esclave de ses pulsions sexuelles et égaré dans le monde de ses désirs, sombre dans la folie la plus délirante. Comme tous les personnages de Beaulieu, il est traumatisé, marqué pour la vie, et déploie de douloureux efforts pour compenser sa plaie originelle.

Dans un décor flou et immatériel habité par des personnages sans visage et sans structure consistante, *Un rêve québécois* est un roman fantôme qui

---

9. Montréal, éd. de l'Homme, 1968.
10. Paru à Montréal aux éditions V.L.B. en 1972 et réédité en 1977.

brouille tous les niveaux de narration, suggérant par une écriture nerveuse et intarissable, la quête aveugle d'une « libération totale ». L'originalité de Beaulieu réside dans la juxtaposition permanente de deux niveaux interchangeables : la réalité québécoise et la fantaisie onirique. Son roman est par excellence celui de l'individualisme, de l'incommunicabilité, le seul indice concret du politique étant la présence policière sur laquelle se cristallise le délire du personnage. Cependant, *Un rêve québécois* s'insère dans un contexte social, politique et linguistique déterminé : il renvoie, quoique de façon allusive, aux événements survenus au Québec en octobre 1970 et il pose de façon symptomatique les problèmes linguistiques du Québec (français, joual et anglais). Dans *Un rêve québécois*, le joual est proposé sous le jour d'un instrument quelque peu magique qui ferait de ce roman une production nationale authentique, un miroir du « rêve québécois ».

Si les personnages du roman s'expriment en joual, la narration utilise un français très soigné. La contradiction entre une langue normative (le français) et une autre anormative (le joual) est à l'image de l'ambiguïté – qui a pu être interprétée comme une imposture – de l'auteur lui-même sur cette question.

4. DU JOUAL AU QUÉBÉCOIS

Le joual, expression et résultante d'une aliénation culturelle, est considéré par certains écrivains des années 1960-1970 comme la langue de l'identité québécoise à la fois contre l'impérialisme anglo-américain et contre la trop pesante influence française. Cette question, qui a déjà suscité de très nombreux débats, connaît une tension plus vive au cours des années 1970. Elle est notamment relancée par la polémique qui entoure la création de la pièce *Les fées ont soif* de Denise Boucher en 1977 – dont la teneur dépasse la simple question linguistique mais qui occasionne, par exemple, ce titre du journal *Le Devoir* : « L'increvable querelle du joual est relancée » – et par plusieurs voix (celles de Jean-Marcel Paquette et de Pierre Vadeboncoeur notamment) s'élevant pour dénoncer la folklorisation qui guette les représentants de cette idéologie qu'est devenu le joual et dont Victor-Lévy Beaulieu est l'un des plus virulents représentants.

Mais derrière ces débats passionnés sur la langue – qu'il s'agisse du joual ou du bilinguisme –, se cache une tension plus secrète : la peur du silence, la crainte du Québécois de n'avoir – entre l'anglais envahissant et un français normatif qui ne leur appartient pas – aucune voix. Ce silence, signe de solitude et de mort, a étreint la société, nous l'avons vu, pendant des siècles ; y mettre un terme et ne plus jamais revivre cet étouffement collectif de la parole est sans doute le véritable ressort des débats linguistiques au Québec. Le joual n'a été dans ce contexte qu'une étape – probablement nécessaire et inévitable – vers la prise de parole et la possession d'une langue à soi.

5. UNE LITTÉRATURE EN ÉBULLITION

Avec la répression qui suit les événements d'octobre 1970, le consensus collectif de la précédente décennie se défait même si le projet politique de souveraineté nationale continue de rallier un nombre toujours plus grand d'adhérents. C'est dans le domaine culturel que la fin du consensus est la plus sensible avec un paysage qui s'atomise. Le titre donné par le romancier Gérard Bessette en 1968 à son essai sur la littérature québécoise, *Une littérature en ébullition*, résume parfaitement l'effervescence du débat de ces années 1970. Le discours littéraire s'affranchit des questions identitaires qui l'ont marqué dans les années 1960 et la littérature cesse d'être le lieu d'affirmation d'un projet d'existence collectif. Elle doit se réinventer dans un paysage où toutes les voies sont virtuellement ouvertes.

5.1 *La Barre du jour*

La revue *La Barre du jour*, fondée en 1965 puis devenue *Nouvelle Barre du jour*, accompagne le projet littéraire de la société québécoise des années 1970, avec le désir de répondre à « l'inévitable situation de lucidité dans laquelle nous plonge notre milieu ». Nourrie par le courant formaliste et très influencée par les écrits d'Hélène Cixous, cette génération qui entend expérimenter de nouveaux chemins d'écriture revendique une « modernité » québécoise et s'inscrit dans le courant de la « contre-culture » qui souffle depuis la Californie. Les femmes et les féministes y expriment leurs revendications et leur singularité, Nicole Brossard en tête dont l'œuvre poétique et romanesque est entièrement consacrée à la recherche d'une écriture au féminin. L'exploration du corps ou de nouvelles formes de subjectivité deviennent chez elle, mais aussi chez Louky Bersianick (*L'Euguélionne*, 1976) entre autres, l'instrument d'une entreprise langagière qui entend restituer son pouvoir à la parole.

5.2 L'épreuve formelle en poésie

L'année 1970 voit paraître *L'Homme rapaillé* de Gaston Miron qui rassemble ses poèmes écrits de 1953 à 1969. Elle voit également l'éclosion de la « Nuit de la poésie », lecture collective faite par plusieurs dizaines de poètes. À l'autre bout de la décennie poétique, *écRiturEs* (1980) de Paul-Marie Lapointe – qui avait donné avec *Le Vierge incendié*, en 1948, un très beau recueil à la langue très travaillée – indique clairement une dimension ludique et va au bout de la recherche formelle en faisant de la langue l'outil de sa propre révolte, une révolte de l'intérieur même du langage. Mais c'est probablement l'aspect insoumis et inclassable des écrits qui caractérise le mieux le déferlement de ces années-là. La poésie expérimentale qui domine les années 1970 s'inscrit dans ce qu'on a appelé au Québec la « nouvelle écriture ». Le véritable enjeu des poètes de cette génération autour des revues *La Nouvelle Barre du jour*, *Les Herbes rouges* ou *Hobo-Québec* est de rendre au langage le pouvoir de porter les utopies. Le texte n'a plus d'autres sujets que l'acte d'écriture lui-même.

Plusieurs auteurs conduisent des expériences originales et singulières : Yolande Villemaire, François Charron, Denis Vanier, France Théoret… de telle sorte qu'on ne peut plus parler d'un courant majeur en poésie mais de voies de recherche aussi nombreuses que les individus qui les ouvrent.

5.3 Le livre dans le livre, l'écrivain dans le roman

L'une des constantes thématiques les plus prégnantes de la littérature du Québec est celle de la mise en abyme du livre ou de l'acte d'écriture, à travers la création de personnages écrivains ou dont l'activité a trait à l'écriture. Le livre en tant qu'objet est abondamment représenté dans la fiction, il circule, se lit, s'échange, se commente. Dans ce jeu de miroirs à plusieurs niveaux, le monde n'existe que par le biais d'un artifice : celui de l'écriture, validé par l'acte de lecture qui le prolonge et lui confère sa légitimité. Cette structure narrative traduit une forte ambivalence vis-à-vis d'un objet tantôt condamné tantôt encensé mais dont on se protège en l'enfermant.

C'est une caractéristique de la littérature québécoise que ce motif du livre enchâssé dans le livre, et ce dès le premier roman, *L'Influence d'un livre*, de Philippe Aubert de Gaspé.

Tous les romans de Réjean Ducharme sont remplis de livres et ses personnages des boulimiques de lecture : « Les personnages de Ducharme sont d'une époque où le trop-plein du livre a atteint les proportions d'un raz de marée », remarque le critique Gilles Marcotte, mais la même assertion s'applique peu ou prou aux romans de Jacques Poulin, elle vaut aussi pour Jacques Godbout, pour Victor-Lévy Beaulieu chez lesquels le livre et le personnage écrivain sont omniprésents. Jacques Poulin, dans *La Tournée d'automne*, et Jacques Godbout, dans *Le Temps des Galarneau*, ont d'ailleurs repris tous les deux en 1993 la question de la survie du livre. Le premier, à travers le motif du livre apporté aux quatre coins du pays dans les villages les plus reculés, là où aucune étagère et aucune bibliothèque ne l'attend, crée un personnage, le « chauffeur », qui au volant de son bibliobus sillonne les routes en quête de lecteurs. *La Tournée d'automne* constitue donc d'une certaine manière la dernière étape du cycle du livre qui occupe le cœur de son œuvre. De la création littéraire (avec *Le Vieux Chagrin*, 1989, et son personnage écrivain qui propose une magnifique définition de l'acte d'écriture) à la vente (ou au prêt du livre dans *La Tournée d'automne*) en passant par la traduction (avec *Les Grandes marées* dont le personnage traducteur apporte son éclairage spécifique sur le texte), Jacques Poulin a en effet balisé tout le processus d'élaboration et de diffusion du livre. Ses personnages, dépositaires de l'écrit sous une forme ou sous une autre, prennent en charge une formulation du monde essentiellement fondée sur l'imaginaire et sa mise en mots.

Jacques Godbout

Chez Jacques Godbout (né en 1933), le personnage-écrivain est présent dès *Salut Galarneau !*[11], son troisième roman et le plus connu de ses textes, qui

---

11. Paris, éditions du Seuil, 1963.

lui vaut le prix du Gouverneur général. Il y retrace les principaux jalons d'une identité collective toujours problématique et enregistre les bouleversements de son époque en ethnographe, comme son personnage François Galarneau, « roi du hot-dog » qui tient un stand de saucisses sur le bord de la route. En plus de faire « les meilleures saucisses grillées à dix mille à la ronde », François écrit. Derrière son stand, il se sent libre de refaire le monde à sa guise : « mon snack-bar, c'est peut-être le carrefour idéal pour faire une baptême de coupe dans la populace ».

L'œuvre de Jacques Godbout est caractérisée par un discours lucide et vif sur la condition québécoise. D'un roman à l'autre, il ébauche par touches successives un portrait type du Québécois. Dans cette galerie de portraits, François Galarneau est sans aucun doute l'un des plus truculents. Il dissèque avec verve la société québécoise : l'instruction qu'elle dispense « qui ne vaut pas un déplacement à bicyclette », la foi où excellent certains – comme son frère – qui savent faire de la charité « un système commercialement rentable », les publicités de sa télévision calquée sur celle des États-Unis qui traduisent une obsession de l'hygiène. Ces trois domaines, cibles de choix pour l'exercice de ses talents de polémiqueur, incarnent aux yeux de Galarneau l'obscurantisme et les discours didactiques qu'il exècre.

Si le roman est une variation sur le thème de l'amour et de la séparation – les amours contrariées forment le récit principal des romans de Godbout –, c'est ici encore la situation particulière de l'écrivain dans le texte romanesque qui retient l'attention. Galarneau n'a au départ aucune vocation particulière et sa vision de l'écriture est très prosaïque. Fonctionnel et utilitaire, l'éventuel roman à venir lui apparaît d'abord comme une opportunité de publicité pour son stand de hot-dogs. Mais il se prend au jeu de l'écriture, en connaît les transes et en découvre bientôt le revers : la coupure avec la vie. Avec François Galarneau, Godbout fait de l'écriture un refuge, un rempart – au sens propre du terme, représenté par le mur derrière lequel s'enferme le personnage-écrivain à la fin du roman – contre la vie, contre les trahisons et les échecs. Roman initiatique à plusieurs titres, *Salut Galarneau !* dessine l'itinéraire vers la « vécriture », le cheminement vers la maturité et l'accomplissement de soi. François construit sa propre libération à coups de mots. Protégé par son mur, il peut instaurer une distance avec le monde.

Le roman se conclut sur un thème universel : surmonter la contradiction apparemment irréductible entre vie et écriture en faisant de la vie de la littérature et vice versa. Un écrivain est né à la fin de *Salut Galarneau !*, qui constitue l'histoire de sa naissance. Cette naissance est par ailleurs présentée comme allégorie de l'éveil du peuple québécois. La langue, légère, vivante, emprunte à l'esthétique du journal, à la technique du montage cinématographique. L'écriture nerveuse refuse l'introspection, la psychologie, et livre bruts des personnages dont les bons mots, les calembours et les facéties dissimulent souvent le sens du tragique. Godbout a le sens de la formule, de la phrase lapidaire, de l'impertinence pour aborder les sujets les plus graves.

6. LES ANNÉES 1980 ET APRÈS

Les années 1980 ouvrent une ère nouvelle, prolongée dans la décennie 1990, et caractérisée par une pause dans le débat, un répit dans la polémique.

Sur le plan politique, lors de la campagne référendaire de 1980, le camp du Non à l'indépendance a triomphé avec 60 % des suffrages, mais la campagne en faveur du Oui a été soutenue par de nombreux intellectuels et artistes qui voulaient faire passer le Québec d'un pays imaginaire à un pays réel. C'est probablement cette transition qui caractérise le mieux la période.

En littérature, la maturité et la diversité des talents s'expriment notamment dans le domaine de la poésie et dans le foisonnement théâtral avec une critique qui se dote d'outils spécifiques (*Les Cahiers de théâtre Jeu*, fondés en 1976), des recherches esthétiques qui se traduisent par exemple dans les scénographies d'un Robert Lepage, des recherches plus littéraires qui font se rencontrer écriture théâtrale et poésie, ou un travail éditorial qui voit l'éclosion de collections consacrées au théâtre.

La réflexion sur l'écriture prend définitivement le pas sur la réflexion identitaire. L'œuvre de Jacques Brault, poète et essayiste, en est une illustration. Il fait évoluer, depuis les années 1960, son œuvre dans un perpétuel dialogue entretenu avec d'autres écrivains qui nourrissent son propre travail, et progresse dans une recherche d'écriture « pour arriver un jour à écrire quelque chose de si invisiblement beau qu'il sera superflu de le lire[12] ».

6.1 Dire la ville

Montréal occupe la scène romanesque depuis *Bonheur d'occasion* de Gabrielle Roy (voir chap. 4). Au moment de la célébration de ses trois cent cinquante ans d'existence, en 1992, elle apparaît pleinement à la fois comme le lieu d'une unité québécoise et comme un espace profondément cosmopolite, riche de la pluralité des influences ethniques et culturelles qui s'y rencontrent. À Montréal, la question identitaire est confrontée à la réalité d'autres communautés avec lesquelles partager un espace de vie. Si elle n'a pas le statut de « capitale littéraire », Montréal a celui de ville de fiction et elle se dit, se parcourt, se découvre dans des langages polyphoniques qui expriment ses multiples visages.

Chez Gabrielle Roy, Montréal était la ville de l'autre, de l'étranger, ville désirée autant que redoutée. Avec le temps, la vision que la littérature en propose évolue pour prendre le visage d'un « désordre universel » comme chez Gaston Miron :

> « Je suis dans la ville opulente
> La grande Ste Catherine Street galope et claque
> dans les Mille et une Nuits des néons
>
> [...] or je descends vers les quartiers minables
> bas et respirant dans leur remugle
> Je dérive dans des bouts de rue décousus [...]. »

> « Monologues de l'aliénation délirante », *L'Homme rapaillé*, © éd. Typo, 1998.

Cette ville qui échappe à l'individu et l'avale en même temps est nord-américaine par son architecture, ses volumes, son espace, ses panneaux publicitaires, ses néons, sa violence. À l'autre bout de cette vision apocalyptique de la ville, les textes de Michel Tremblay, campés dans un espace citadin circonscrit, donnent à voir une ville à visage humain, une ville qui fait

---

12. *Chemin faisant*, Montréal, La Presse, 1975.

encore rêver, une ville-fête parfois aussi. C'est dans cette lignée du Mont-réal-quartier que se situe Yves Beauchemin (né en 1941). Avec *Le Matou*[13] (premier roman québécois publié à plus d'un million d'exemplaires en fran-çais, traduit en quinze langues et dont un film et une série télévisée ont été tirés), c'est l'Est de Montréal, non loin du Plateau Mont-Royal de Tremblay, qui sert de décor à un roman-fleuve. Montréal y est un extraordinaire lieu de convivialité et de sociabilité, avec ses bars et ses restaurants qui abritent les rencontres des personnages, un lieu où s'épanouit pleinement le plaisir du récit qui caractérise l'écriture de Beauchemin. Son œuvre s'inscrit par ailleurs dans la catégorie des sagas familiales proposant des fresques humaines et sociales situées au plus près des préoccupations et des grands moments de tribus colorées. Dans cette lignée, Arlette Cousture ou Francine Ouellette se sont également distinguées.

6.2 Nouvelles stratégies linguistiques

Si la question de la langue traverse l'histoire du Québec et revient dans les textes comme un motif obsessionnel et récurrent, c'est qu'elle suppose une attention particulière.

Lorsqu'une langue n'est pas « acquise » à un peuple, lorsqu'elle est mena-cée, elle implique ce devoir de vigilance, exercé notamment par les écrivains. La question linguistique – dans sa dimension politique mais aussi esthétique – reflète parfaitement les évolutions du Québec et apparaît comme le lieu de convergence de différentes problématiques. Les débats sur la langue d'écri-ture constituent une suite de déplacements dont l'histoire accompagne les grandes évolutions de la littérature.

Mais l'identification d'une littérature québécoise, si elle passe par la ques-tion de la langue, la dépasse aussi, dans la mesure où cette littérature a acquis un degré d'autonomie suffisant pour éviter désormais la seule cristallisation sur ce sujet.

Michèle Lalonde résume les termes du débat dans sa *Défense et illustra-tion de la langue québécoise* (1979) en affirmant : « Par langue québécoise en

---

13. Éditions Québec/Amérique, 1981 ; Julliard, 1982.

somme, je n'entends pas autre chose que la langue française elle-même, telle qu'elle s'est tout naturellement déterminée en Nouveau-Monde, à cent lieux de la Mère-Patrie… »

Au fil du temps, les stratégies vis-à-vis de la langue se sont multipliées et complexifiées. À la pure dichotomie populaire/savant – illustrée notamment dans le roman de Jacques Godbout *D'Amour P. Q* par la relation de la secrétaire et de l'écrivain, ou encore dans *Le Couteau sur la table* où le thème de la dualité linguistique est actualisé dans l'écriture romanesque par des incursions d'anglais qui viennent trouer un texte français au style elliptique – ont succédé des jeux et tactiques d'auteurs faisant intervenir plusieurs niveaux de langue dans un même texte. Par exemple, chez Antonine Maillet[14], on assiste à un véritable travail de « traduction » du dialogue en langue vernaculaire reproduit par le biais de périphrases explicatives en français « classique » comme dans *Pélagie-la-Charrette* (1979). Dans *Maryse*[15], Francine Noël émaille sa narration d'expressions anglaises et de québécismes, à l'image de son personnage François Ladouceur, un passionné des « vues » (films), qui « amalgame aisément le jargon universitaire et le joual refabriqué », usage que l'auteur commente dans un discours ironique. Le sentiment de la langue individualisé et intériorisé fait suite aux joutes collectives et passionnées d'hier.

6.3 Le renouveau théâtral

Le premier chapitre d'une histoire du théâtre québécois a été écrit par Gratien Gélinas puis Marcel Dubé qui ont marqué la naissance du genre en créant un théâtre authentiquement national. Fridolin a ouvert la marche d'une longue lignée de personnages où figurent ceux de Françoise Loranger ou le simple soldat de Marcel Dubé. Et puis il y a eu la création des *Belles sœurs*, porte d'entrée vers une ère nouvelle pour le théâtre nourrie de grands débats sur la « mort du texte », après quoi il a fallu attendre les années 1980 pour que s'écrive un autre chapitre du renouvellement dramaturgique et esthétique.

---

14. Nous ne pouvons malheureusement accorder, dans ce bref volume, la place qu'elle mérite à cet auteur acadien, et de façon plus générale à la littérature d'Acadie, ces terres voisines, mais différentes de celle du Québec.
15. Montréal, VLB éditions, 1984.

En une dizaine d'années, le théâtre au Québec a défini ses marques, s'est doté d'institutions, de salles, de techniques, a trouvé un public et on assiste à une spectaculaire augmentation du nombre de créations, de représentations, de troupes, de compagnies. Entre 1967 et 1980, la seule ville de Montréal a vu plus de quinze nouveaux théâtres aménagés ou créés.

Ce qui distingue cette période des précédentes, c'est l'accent mis sur l'esthétique au détriment de la portée sociale du texte. La double rupture instituée dans les années 1970, d'une part entre la littérature et le théâtre et d'autre part entre les traditions européennes et américaines, est entérinée. Les années 1980 et 1990 sont marquées par des spectacles expérimentaux dans lesquels la théâtralité semble l'emporter sur le théâtre, l'écriture dramatique ayant quelques difficultés à retrouver sa voie et devant se redéfinir. Mais le phénomène n'est pas spécifiquement québécois. Ainsi les auteurs les plus engagés des précédentes décennies se font plus discrets (Jean-Claude Germain ou Françoise Loranger), laissant la place à de jeunes dramaturges parmi lesquels Normand Chaurette ou René-Daniel Dubois. Il y a désormais au théâtre reprise et influence de textes plus anciens puisque le genre compte désormais ses classiques et une histoire qui lui permet une mise en perspective.

6.4 Être américain

Le Québec a un continent en partage avec les États-Unis : une géographie, des paysages, une mythologie aussi. Cette américanité, longtemps niée mais aujourd'hui pleinement acceptée et revendiquée, a nourri comme une veine souterraine nombre de textes dans un long cheminement qui a conduit à ce sentiment apaisé d'appartenance au continent américain. L'ambivalence historique du Québec à l'égard de sa continentalité est désormais analysée sans que ces recherches puissent apparaître comme un simple effet de mode mais bien plutôt comme une nouvelle étape de l'édification identitaire.

Si la littérature québécoise accepte aujourd'hui d'être une littérature américaine (ce qui ne signifie pas « étasunienne »), c'est aussi probablement en grande part en raison d'une autonomie affirmée avec de plus en plus de force vis-à-vis de la littérature française. Cette « américanité », qui tient en premier lieu à une appartenance géographique à un continent donné, est nourrie d'un sentiment de l'espace, d'un attrait pour l'errance et la nature. Elle prend souvent l'apparence d'un éternel renouvellement, caractéristique de l'expérience américaine (au sens continental du terme), comme si, dans le Nouveau Monde, une renaissance était toujours en devenir. Le Canadien, cet Américain qui « présente l'étrange figure d'un Européen aux manières de nègre et à l'âme d'Indien[16] » semble déchiré entre des appels contradictoires dont la relation ambiguë avec l'Indien est parfaitement exemplaire : attirance doublée de méfiance, voire de mépris et de haine.

À quoi s'ajoute le grand mythe de l'homme nouveau, de la régénération de l'humanité dont le Nouveau Monde serait le laboratoire.

Les œuvres de Jacques Poulin, de Robert Lalonde ou de Jean-Yves Soucy, notamment, ont tissé ce fil reliant l'inconscient québécois à une destinée continentale.

Jacques Poulin

Avec *Volkswagen Blues*[17], Jacques Poulin (né en 1937) a donné au Québec le « grand roman de l'Amérique » qui réconcilie le Québec avec sa destinée américaine. Roman de voyage et d'initiation, *Volkswagen Blues* est une odyssée à travers tout le continent, depuis la Gaspésie jusqu'en Californie, sur les traces de Théo, le frère de Jack, et sur la piste de l'Oregon empruntée par les pionniers en quête de la terre promise. Le périple à la recherche des traces du fait français en Amérique est aussi un voyage dans les mots et dans les livres. D'ailleurs les références à la littérature américaine abondent : Hemingway, Salinger mais surtout Saul Bellow qui devient un personnage du récit. Quant au prénom de Jack, il n'est pas sans rappeler celui d'un autre grand écrivain voyageur canado-américain, Jack Kerouac. Mais en faisant se succéder tous les « paradis perdus » de l'Amérique, le roman bâtit en fait l'envers du mythe. Si les personnages – Jack Waterman, écrivain et la métisse dite « la Grande Sauterelle » – cherchent, selon Poulin, « quelle est la place que la conscience française occupe en Amérique ou peut-être, quelle est la part de l'âme québécoise qui est américaine », ils sont surtout en quête d'eux-mêmes et, si leur

---

16. K.G. Jung, *Problèmes de l'âme moderne*, Buchet/Chastel 1960 (cité par Jean Morency in *Le Mythe américain dans les fictions d'Amérique*).
17. Montréal, éditions Québec/Amérique, 1984.

périple aboutit à la faillite du rêve américain – incarné par Théo, clochard condamné au fauteuil roulant –, ils sortent grandis et renforcés de l'aventure, nourris des lectures, des cartes géographiques et des musées qui ont ponctué le voyage mais surtout libérés des entraves qui les empêchaient d'être présents à eux-mêmes et d'aimer.

7. LA LITTÉRATURE « LIBÉRÉE » DU PAYS

Dans les années 1980 et 1990 le projet national, la question de l'indépendance du Québec, l'engagement des intellectuels et des écrivains se posent avec moins d'acuité. Les écrivains se désintéressent du politique – ou du moins y participent en tant que citoyens et non plus en tant que porte-parole pour s'engager dans des voies de recherche plus personnelles. Le roman est entré dans l'univers du « je ».

Il semble que le « sacrifice » de l'auteur québécois à la cause nationale, dénoncé dans les années 1970, arrive à son terme et que libérés du « pays incertain », pour reprendre l'expression de Jacques Ferron, les écrivains accèdent enfin à des voies d'investigation à la fois plus intimes et plus universelles. C'est que le Québec et sa littérature ont définitivement acquis une universalité qui autorise une évasion des thèmes devenus traditionnels depuis une trentaine d'années.

Robert Lalonde

L'univers de Robert Lalonde, né en 1947, est profondément lié à l'espace québécois, à la nature. L'initiation à la vie de ses personnages transite toujours, d'une façon ou d'une autre, par un rapport à l'espace environnant et à ses réalités humaines. Du rapport de l'Indien et du Blanc – matérialisé par la division de l'espace en deux domaines territoriaux, le village et la réserve – dans *Le Dernier Été des Indiens* (1982) à *L'Ogre de Grand Remous* (1992)[18], son sixième roman, Robert Lalonde dessine les contours d'une quête individuelle qui, pour accéder à la « vérité », doit dépasser le masque des apparences.

L'Ogre de Grand Remous propose un remake du *Petit Poucet*, version nord-américaine. Quatre enfants abandonnés par leurs parents en pleine

18. Tous les deux publiés à Paris, aux éditions du Seuil.

campagne affrontent la peur, les doutes, la révolte mais aussi les rêves, et laissent libre cours à leur imagination. Robinsons adolescents, ils se penchent sur des cartes pour découvrir ce monde qui leur a volé des parents appelés par l'ailleurs. Chacun tour à tour prend la parole pour bâtir son « roman familial » et faire avancer une intrigue remarquablement conduite, le mystère de cette disparition parentale, progressivement dévoilé, tenant en haleine jusqu'au bout.

En 1997, Robert Lalonde a publié un récit, *Le Monde sur le flanc de la truite* (Boréal), « notes sur l'art de vivre, de lire et d'écrire », qui poursuit cette recherche dans l'intimité de la nature ; en marchant dans la neige, en écoutant le vent, en remontant un lac, Lalonde plonge et fouille dans l'intimité des quatre saisons. Dans ce récit émaillé de références à ses auteurs de prédilection (Flannery O'Connor ou Emily Dickinson), la vie de la nature modèle le paysage intérieur de l'auteur et le conduit à la littérature.

Monique Proulx

Née à Québec en 1952, Monique Proulx appartient à cette génération d'écrivains qui n'ont plus à se battre contre ou avec une identité nationale problématique. Dans son recueil de nouvelles, *Les Aurores montréales*, paru en 1996, elle brosse une galerie de portraits certes montréalais, mais dont l'identité pourrait tout aussi bien être new-yorkaise ou parisienne. Ses personnages sont urbains, c'est leur lien le plus fort, mais aussi très marqués par leur époque, identifiables comme des individus des années 1990. Ils aiment, pleurent, se trompent, se déchirent, se quittent avec des mots d'aujourd'hui. De cet échantillonnage d'humanité ressort cette honnête mère de famille tombée amoureuse d'un chroniqueur qu'elle n'a jamais vu mais dont la seule lecture quotidienne suffit à la plonger dans un émoi profond, à éveiller en elle des frissons inédits et à faire « basculer la réalité cul par-dessus tête ». Le cruel dénouement des fantasmes de cette Madame Bovary de la banlieue montréalaise est à l'image de la lucidité sur la misère affective et morale des citadins qui s'exerce dans l'ensemble de ce recueil de nouvelles. Monique Proulx a obtenu le prix Paris-Québec pour *L'Homme invisible à la fenêtre*[19], qui met en scène un peintre handicapé, observateur de ses semblables et de leur

---

19. Montréal, Boréal, 1993.

immense détresse. Sur le thème du handicap physique et du corps anormal, l'artiste y est présenté comme un « rapteur » de vies.

Francine Noël

Avec *Maryse*, son premier roman publié en 1984, Francine Noël, née à Montréal en 1945, a donné une excellente chronique des années 1970. L'histoire se déroule très exactement entre le 21 novembre 1968 et août 1975, période durant laquelle Maryse s'initie à l'amour, aux livres, à la « maudernité », à l'écriture, aux discours révolutionnaires, aux modes langagières et vestimentaires de son temps. Encadrée par les dates d'ouverture et de clôture de la chronique et ancrée dans l'histoire du Québec de ces années-là, le récit n'en demeure pas moins universel tant les personnages – Maryse et autour d'elle François Ladouceur, Marité ou Coco Ménard – regardent et expriment le monde et leur propre vie avec des mots familiers. La langue cependant fournit l'occasion d'un jeu sur différents registres que maîtrisent remarquablement Francine Noël, et s'y glissent quantité de sacres, de mots anglais, bref du joual mais un « joual refabriqué ». Cette invention linguistique à l'honneur devient une fête et la liberté de ton et de langue font que ce roman drôle, tendre et féroce à la fois est d'une vérité totale.

8. LES ÉCRITURES MIGRANTES

La majorité francophone du Québec ne suffit pas à dresser le tableau des réalités québécoises. Si elle s'est affirmée avec beaucoup de vigueur, elle côtoie des minorités qui, elles aussi, ont appris à prendre la parole. Dans une culture qui s'internationalise, le rôle des créateurs dits « néo-québécois » réside dans leur contribution à cette internationalisation. Ils façonnent et transforment l'imaginaire en apportant des points de vue neufs, des sensibilités différentes sur des thèmes québécois.

Avec les écrivains « migrants », le Québec ne fait au fond que poursuivre le métissage qui a toujours été le sien mais qu'il a longtemps tu, caché comme une réalité honteuse (le sujet de l'Indien au Québec et dans sa littérature mériterait à lui seul un ouvrage entier). Un des apports majeurs de ces auteurs à la littérature du Québec tient à l'exploration du thème de l'exil dont on peut considérer qu'il prolonge, tout en s'en différenciant, le thème du départ vers les terres vierges ou vers les États-Unis que l'on rencontre dans la production romanesque du Canada français dès le XIXᵉ.

L'intérêt d'un apport culturel et littéraire venu d'ailleurs réside également dans ce qu'il suscite au sein du débat culturel et littéraire. Les réactions oscillent entre la peur de ce que Pierre Nepveu appelle la « pollution » et la fascination de l'hybride qui sont « vraisemblablement les deux faces d'une même réalité psychique, d'un même imaginaire que toutes les écritures « migrantes », « immigrantes », transculturelles, métissées, métèques, postmodernes, etc., investissent, travaillent et déplacent à des degrés divers[20] ».

Le Canada a favorisé depuis les années 1970 une politique d'immigration multiculturelle. Il en est tout naturellement résulté l'éclosion d'une production littéraire de langue française due à des auteurs venus du monde entier. Si le conteur et romancier Yves Thériault a été l'un des premiers à mettre en scène des personnages d'immigrants (juifs avec *Aaron* ou italiens), bientôt ce sont les immigrants eux-mêmes qui ont pris la plume. Outre les anglophones (environ 10 % de la population) installés de longue date, d'autres communautés ont pris racine au Québec. La très importante communauté juive contribue à la vie intellectuelle et littéraire du Québec depuis longtemps et compte, parmi ses auteurs les plus connus, Naïm Kattan, né à Bagdad (*Adieu Babylone*, 1975, *La Fiancée promise*, 1983) qui, tout en revendiquant ses racines orientales, se définit comme un écrivain québécois. Nombre d'intellectuels haïtiens qui ont fui le régime Duvalier ont fait le choix du Québec en raison de la communauté de langue : Dany Laferrière, né en 1953 à Port-au-Prince (Haïti), exilé au Québec depuis 1976, auteur notamment de *Comment faire l'amour avec un nègre sans se fatiguer* (1985) dont un film a été tiré en 1989, et de *L'Odeur du café* (1991), mais aussi Émile Ollivier (*Passages*, 1991) et Gérard Étienne (*Un ambassadeur macoute à Montréal*, 1979) mettent en scène le personnage de l'étranger aux prises avec un télescopage de réalités. La communauté italienne est l'une des plus présentes avec notamment Fulvio Caccia – qui a participé en 1983 à la fondation du magazine transculturel

---

20. Pierre Nepveu, *L'Écologie du réel*, Montréal, Boréal, 1988.

trilingue (italien, français et anglais) *Vice versa*, auteur notamment d'une série d'entretiens avec des créateurs d'origine italienne (*Sous le signe du phénix* en 1985) et d'*Aknos*, recueil de poèmes couronné par le prix du Gouverneur général du Canada – ou Marco Micone né en 1945 et installé au Québec depuis 1958, auteur notamment de *Trilogia*[21], trilogie dramatique (*Gens du silence*, *Addolorata* et *Déjà l'agonie*) qui trace les contours d'une culture de transition destinée à se fondre dans celle du pays d'accueil pour s'y perpétuer.

Avec *L'Ingratitude*, son troisième roman paru en 1995 chez Leméac/Actes Sud, Ying Chen, née en 1961 à Shanghai et lauréate du prix Québec-Paris, a fait entendre la voix d'une enfant de Mao installée au Québec. Soliloque d'une morte-vivante – puisque la narratrice, après s'être suicidée, adresse une longue invective à sa mère – *L'Ingratitude* est un huis-clos familial où s'affrontent une fille et sa mère, un roman à l'ironie cruelle qui dépeint une Chine lourde de traditions vécues comme des entraves à la vie. Vis-à-vis de la langue française, Ying Chen manifeste une fascination respectueuse. La maîtrise et la pureté d'une langue très classique caractérisent son écriture. Ce rapport très normatif à la langue, loin des entreprises ludiques des québécois « de souche » traduit peut-être l'émergence d'une tendance nouvelle, l'apparition d'une autre « variante » du français écrit au Québec.

9. LE CHAPITRE OUVERT DES ANNÉES 1990

Parmi les traits distinctifs de la production des années 1990, sans doute faut-il noter un retour à une littérature de contenu – ce qui ne signifie pas réaliste. Par rapport aux années 1970 où s'est développée une recherche très formelle, où ont été tentées toutes les aventures de la prise de possession de la langue et de sa libération, les années 1990 constituent une sorte d'assagissement et ce que nous appelons le retour au contenu correspond probablement à une recherche de sens dans une époque en mal de repères et dans une société qui, depuis qu'elle a « abandonné ? » les débats de fond sur son statut, semble se replier sur un certain confort matériel très nord-américain.

---

21. Montréal, VLB éditeur, 1996.

Le chapitre de cette dernière génération d'écrivains reste entièrement ouvert et il serait bien présomptueux de vouloir en dégager des axes thématiques ou stylistiques significatifs. Certes, il s'agit d'une génération désabusée, souvent critique à l'égard d'une société de consommation dont les valeurs semblent ne plus reposer que sur l'argent et la réussite. En les qualifiant de « romanciers de la désespérance », on a voulu souligner la prégnance, dans leurs œuvres, du désœuvrement, de la solitude, de la pauvreté, de la drogue, de l'errance…

Une autre caractéristique de ces dernières années – universelle mais particulièrement accentuée sur le continent nord-américain – tient à ce que la littérature se nourrit de télévision, de cinéma, de feuilletons, de publicité dans une intertextualité qui laisse grands ouverts tous les accès de circulation. De cette liberté qui influence le contenu autant que la forme, la littérature québécoise est une illustration.

CONCLUSION

Au Québec, l'imbrication de la littérature avec un projet vital de société situe la quête d'identité nationale au cœur de toute expression romanesque, poétique ou théâtrale. Manifester sa différence, exprimer son originalité, échapper aux assimilations hâtives, telles sont les préoccupations d'un projet de société auquel la vie littéraire a été étroitement associée.

On comprend dès lors cette récurrence obsessionnelle de la question linguistique. Sans une langue « à soi », sans cet instrument fondamental d'affirmation de soi, aucune identité ne peut se dire. D'où au Québec une surdétermination linguistique qui fait bien souvent des écrivains des militants de la langue française.

Alors que le Québec célèbre les vingt ans d'existence de la Charte de la langue française, dite loi 101, promulguée en août 1977 et qui a établi le français comme langue officielle, la situation linguistique demeure toujours fragile. Cette langue à laquelle il faut sans cesse veiller de crainte qu'elle ne soit engloutie par la vague anglo-saxonne constitue l'objet de toutes les attentions, mais engendre aussi parfois bien des lassitudes : « La langue ici n'a jamais été un donné, c'est-à-dire une institution à partir de laquelle on commence, mais une institution à laquelle il faut arriver. C'est tuant », disait le poète Gaston Miron.

Cependant, grâce à une langue française qui a su au fil du temps affirmer sa singularité, le Québec est parvenu à se faire entendre, privilégiant d'ailleurs souvent la forme orale comme en attestent les chanteurs québécois qui, de Félix Leclerc et Gilles Vigneault à Robert Charlebois en passant par Diane Dufresne ou Fabienne Thibault, se sont taillé une réputation internationale et ont été des porte-parole de la vitalité culturelle de leur pays.

En accédant à l'universalité, la littérature québécoise s'est décloisonnée, désinhibée. L'atteste la critique ouverte de la société américaine dans son consumérisme qui s'exprime aujourd'hui chez nombre d'écrivains pour lesquels percer l'écran de cette culture de masse et de surface revient souvent à renouer des liens avec une autre Amérique aux racines plus anciennes et à revenir aux grands mythes. Mais cette universalité s'exprime également dans une dimension très intime de la littérature puisque écrite de plus en plus par des auteurs non autochtones, venus du monde entier, qui privilégient des thématiques comme celles de l'exil, de la marginalité, de la constitution fragmentée de l'identité. Grâce à eux la littérature contemporaine du Québec montre que l'identité n'est pas seulement une question de langue (française) ou de fidélité nostalgique à des origines. Le qualificatif « québécois » pourrait alors bien devenir cette « coquille vide » qui annoncerait selon certains critiques la mort de la littérature québécoise pour mieux préfigurer sa naissance en tant que littérature universelle.

CHRONOLOGIE HISTORIQUE, CULTURELLE ET LITTÉRAIRE

1534 : Jacques Cartier découvre et explore le Canada.

1608 : Fondation de la ville de Québec par Samuel de Champlain.

1632 : Les *Relations* des jésuites commencent et vont se poursuivre pendant 40 ans.

1763 : Traité de Paris. La Nouvelle France devient une colonie de la couronne d'Angleterre.

1764 : Parution de *La Gazette de Québec*, journal bilingue.

1791 : Constitution. Séparation du Bas-Canada (actuel Québec) et du Haut-Canada (actuel Ontario).

1806 : Parution du journal *Le Canadien*.

1837 : Révolte armée des patriotes inspirées par Louis-Joseph Papineau. *L'influence d'un livre* de Philippe Aubert de Gaspé (fils), premier roman canadien-français.

1840 : À la suite du rapport Durham, Acte d'Union réunissant le Haut et le Bas Canada.

1845 : Parution de l'*Histoire du Canada* de François-Xavier Garneau.

1847 : *La Terre paternelle* de Patrice Lacombe.

1852 : Fondation de l'université Laval à Québec.

1863 : Philippe Aubert de Gaspé (père), *Les Anciens Canadiens.*

1881 : *Angéline de Montbrun*, Laure Conan.

1895 : Fondation de l'École littéraire de Montréal.

1910 : Fondation du quotidien *Le Devoir*.

1916 : *Maria Chapdelaine*, Louis Hémon.

1920 : Fondation de l'université de Montréal.

1934 : Fondation de *La Relève*, revue artistique et littéraire.

1936 : Maurice Duplessis fonde le Parti de l'Union nationale et devient Premier ministre du Québec jusqu'en 1939.

1938 : *Trente arpents*, Ringuet.

1940 : Droit de vote accordé aux femmes.

1944 : Maurice Duplessis de nouveau Premier ministre jusqu'en 1959.

1945 : *Bonheur d'occasion*, Gabrielle Roy.
Le Survenant, Germaine Guévremont.

1948 : *Refus global*, Paul-Émile Borduas.
Ti-coq, Gratien Gélinas.

1949 : Grève des mineurs de l'amiante. Attitude anti-syndicale du gouvernement.

1950 : Fondation de la revue *Cité libre*.

1953 : *Le Tombeau des rois*, Anne Hébert.
L'Hexagone, Deux sangs, Gaston Miron et Olivier Marchand.
Zone, Marcel Dubé.

1959 : Fondation de la revue *Liberté*.

1960 : Fondation du Rassemblement pour l'indépendance nationale (RIN).
Jean Lesage, Premier ministre du Québec.
Début de la Révolution tranquille.

1963 : Activités terroristes du FLQ (Front de libération du Québec).
Fondation de la revue *Parti pris.*

1965 : *Une saison dans la vie d'Emmanuel*, Marie-Claire Blais.
Prochain épisode, Hubert Aquin.
Mémoire, Jacques Brault.

1966 : *L'Avalée des avalés*, Réjean Ducharme.

1967 : Exposition universelle de Montréal.
Visite du Général de Gaulle au Québec.
Salut Galarneau !, Jacques Godbout.

1968 : Fondation du Parti québécois de René Levesque.
Pierre Elliott Trudeau, Premier ministre du Canada.
Les Belles sœurs, Michel Tremblay.

1970 : Robert Bourassa, Premier ministre du Québec (parti libéral).
Événements d'octobre (enlèvement et assassinat d'un ministre).
Loi des mesures de guerre.
L'Homme rapaillé, Gaston Miron.
Kamouraska, Anne Hébert.

1971 : *La Sagouine*, Antonine Maillet.

1976 : René Levesque, Premier ministre du Québec.
Fondation de la revue de théâtre *Jeu*.

1977 : Loi 101, Charte de la langue française.

1980 : Échec du référendum sur la souveraineté proposé par René Lévesque.

1981 : *Le Matou*, Yves Beauchemin.

1982 : *Les Fous de Bassan*, Anne Hébert.

1983 : *Maryse*, Francine Noël.

1984 : *Volkswagen blues*, Jacques Poulin.

1985 : Robert Bourassa (parti libéral) succède à René Lévesque au poste de Premier ministre du Québec.

1987 : Mort de René Lévesque.
Conférence du lac Meech (reconnaissance du Québec comme société distincte au sein du Canada).

1988 : Jacques Parizeau, chef du parti québécois.

1990 : *Dévadé*, Réjean Ducharme.

1995 : Référendum. Deuxième échec du Oui à l'indépendance.
L'Ingratitude, Ying Chen.

INDEX ONOMASTIQUE

BIBLIOGRAPHIE

1. Ouvrages généraux

Anthologie de la littérature québécoise (sous la dir. de Gilles Marcotte), 4 vol., Montréal, éditions La Presse, 1978-1980.

Archives des lettres canadiennes (sous la dir. de P. Wyczynski), 8 volumes, Montréal, éditions Fidès, 1960-1992.

Dictionnaire des œuvres littéraires du Québec (sous la dir. de Maurice Lemire), 6 vol., Montréal, éditions Fidès, 1980-1994.

Dictionnaire pratique des auteurs québécois, R. Hamel, J. Hare et P. Wyczynski, Montréal, éditions Fidès, 1976.

Écrivains contemporains du Québec, Gaston Miron, Lise Gauvin, Paris, éditions Seghers, 1989.

Europe « Littérature du Québec », n° 478-479, 1979.

Histoire de la littérature française du Québec (sous la dir. de Pierre de Grandpré), 4 vol., Montréal, éditions Beauchemin, 1967-1969.

Littérature du Québec (sous la dir. de Yannick Resch), Paris, EDICEF/AUPELF, 1994.

MAILHOT Laurent, *La Littérature québécoise*, Paris, PUF, coll. « Que-sais-je ? », 1975.

Panorama de la littérature québécoise contemporaine (sous la dir. de Réginald Hamel), Montréal, éditions Guérin, 1997.

VIATTE Auguste, *Histoire littéraire de l'Amérique française*, Québec, Presses de l'université Laval, 1954.

2. Études spécifiques
• Sur la littérature

BESSETTE Gérard, *Une littérature en ébullition*, Montréal, éditions du Jour, 1968.

BESSETTE Gérard, *Trois romanciers québécois*, Montréal, éditions du Jour, 1973.

BOSQUET Alain, *Poésie du Québec*, Paris/Montréal, éditions Seghers/HMH, 1971.

BROCHU André, *La Visée critique*, Montréal, éditions du Boréal, 1988.

GODIN Jean-Cléo et MAILHOT Laurent, *Le Théâtre québécois*, Montréal, éd. HMH, 1970.

LAROSE Jean, *La Petite Noirceur*, Montréal, éditions du Boréal, 1987.

MARCOTTE Gilles, *Une littérature qui se fait*, Montréal, éditions HMH, 1968.

Littérature et circonstances, Montréal, L'Hexagone, 1989.

MORENCY Jean, *Le Mythe américain dans les fictions d'Amérique,* Montréal, Nui Blanche éditeur, 1994.

NEPVEU Pierre, *L'Écologie du réel. Mort et naissance de la littérature québécoise contemporaine*, Montréal, éditions du Boréal, 1988.

PONT-HUMBERT Catherine, *De Patrice Lacombe à Jacques Ferron, le Québec, pays littéraire mythique*, thèse de doctorat, Sorbonne-Paris-IV, 1987.

RICARD François, *La Littérature contre elle-même*, Montréal, éditions du Boréal, 1985.

WARWICK Jacques, *L'Appel du nord dans la littérature canadienne-française,* Montréal, HMH, 1972.

• Sur la société et la langue

BRUNET Michel, *La Présence anglaise et les Canadiens*, Montréal, éd. Beauchemin, 1958.

DUMONT Fernand, *La Vigile du Québec, Octobre 1970 : l'impasse ?,* Montréal, éd. HMH, 1971.

DUMONT Fernand, FALARDEAU Jean-Charles, *Littérature et société canadiennes-françaises*, Presses de l'université Laval, 1964.

FALARDEAU Jean-Charles, *Imaginaire social et littérature*, Montréal, Hurtubise-HMH, 1974.

LALONDE Michèle, *Défense et illustration de la langue québecoise*, Paris, Seghers/Laffont, 1979.

RIOUX Marcel, *La Question du Québec*, Montréal, éd. Parti Pris, 1980.

VADEBONCOEUR Pierre, *La Ligne du risque*, Montréal, éd. HMH, 1977.

VALLIÈRES Pierre, *Nègres blancs d'Amérique*, Montréal, éd. Parti pris, 1967.

Dans la même collection

Imprimerie IFC - *Askréa* - 18390 Saint-Germain-du-Puy
N° édition 10048353-(I)-(2)OSBT 80
Dépôt légal : septembre 1998 - N° d'impression 98/870